全国专业技术人员新职业培训教程

工业互联网工程技术人员

初级

人力资源社会保障部专业技术人员管理司 组织编写

中国人事出版社

图书在版编目（CIP）数据

工业互联网工程技术人员：初级 / 人力资源社会保障部专业技术人员管理司组织编写．--北京：中国人事出版社，2022
全国专业技术人员新职业培训教程
ISBN 978-7-5129-1549-7

Ⅰ.①工…　Ⅱ.①人…　Ⅲ.①互联网络-应用-工业发展-职业培训-教材
Ⅳ.①F403-39

中国版本图书馆 CIP 数据核字（2022）第 215993 号

中国人事出版社出版发行
（北京市惠新东街 1 号　邮政编码：100029）
*
保定市中画美凯印刷有限公司印刷装订　　新华书店经销
787 毫米 ×1092 毫米　16 开本　15.5 印张　233 千字
2022 年 12 月第 1 版　　2022 年 12 月第 1 次印刷
定价：39.00 元

营销中心电话：400-606-6496
出版社网址：http://www.class.com.cn

本书编委会

指导委员会

主　　任： 高金吉

副 主 任： 鲁春丛　黄河燕

委　　员： 张启亮　庞松涛　贺东东　陈　霆

编审委员会

总 编 审： 王宝友

副总编审： 赵成林　吕　民　张　昂　马　龙

主　　编： 张玉良

副 主 编： 许大涛　樊　成　李卓越

编写人员： 李紫阳　李卓然　朱　浩　朱晓庆　池　程　安保林　马宇宇

李曜显　史景文　张　欣　朱春健　郭晓军　杨德奇　张军峰

贺唤平　郭　睿

主审人员： 饶培伦　尚　超

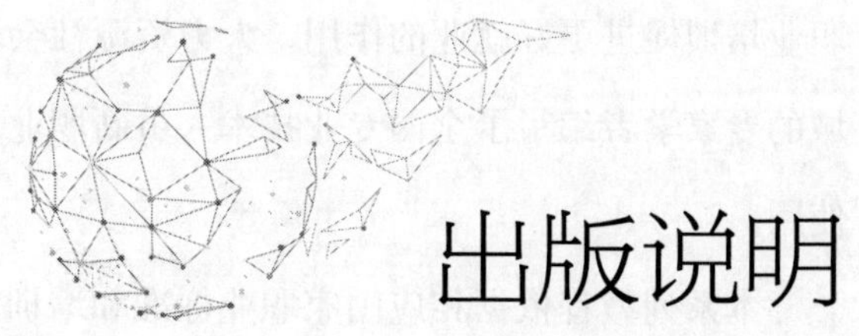

出版说明

当今世界正经历百年未有之大变局，我国正处于实现中华民族伟大复兴关键时期。在全球经济低迷，我国加快形成以国内大循环为主体、国内国际双循环相互促进的新发展格局背景下，数字经济发挥着提振经济的重要作用。党的十九届五中全会提出，要发展战略性新兴产业，推动互联网、大数据、人工智能等同各产业深度融合，推动先进制造业集群发展，构建一批各具特色、优势互补、结构合理的战略性新兴产业增长引擎。“十四五”期间，数字经济将继续快速发展、全面发力，成为我国推动高质量发展的核心动力。

近年来，人工智能、物联网、大数据、云计算、数字化管理、智能制造、工业互联网、虚拟现实、区块链、集成电路等数字技术领域新职业不断涌现，这些新职业从业人员通过不断学习与探索，将推动科技创新、释放巨大能量，推动人们生产生活方式智能化、智慧化、数字化，推动传统产业转型升级，为经济高质量发展注入强劲活力。我国在技术、消费与应用领域具备数字经济创新领先优势，但还存在数字技术人才供给缺口较大、关键核心技术领域自主创新能力不足、数字经济与实体经济融合的深度和广度不够等问题。发展数字经济，推进数字产业化和产业数字化，推动数字经济和实体经济深度融合，急需培育壮大数字技术工程师队伍。

人力资源社会保障部会同有关行业主管部门将陆续制定颁布数字技术领域国家职业标准，坚持以职业活动为导向、以专业能力为核心，遵循人才成长规律，对从业人员的理论知识和专业能力提出综合性、引导性培养标准，为加快培育数字技术人才提供基本依据。根据《人力资源社会保障部办公厅关于加强新职业培训工作的通知》（人社厅发〔2021〕28号）要求，为提高新职业培训的针对性、有效性，进一步发挥新职业培训促进更好就业的作用，人力资源社会保障部专业技术人员管理司组织相关领域的专家学者编写了全国专业技术人员新职业培训教程，供相关领域开展新职业培训使用。

本系列教程依据相应国家职业标准和培训大纲编写，划分初级、中级、高级三个等级，有的职业划分若干职业方向。教程紧贴数字技术人员职业活动特点，定位于全国平均水平，且是相关数字技术人员经过继续教育或岗位实践能够达到的水平，突出该职业领域的核心理论知识、主流技术及未来发展要求，为教学活动和培训考核提供规范和引导，将帮助广大有意或正在从事数字技术职业人员改善知识结构、掌握数字技术、提升创新能力。

希望本系列教程的出版，能够在加强数字技术人才队伍建设、推动数字经济快速发展中发挥支持作用。

目录

第一章 网络互联集成

工业互联网网络体系包括网络互联、数据互通和标识解析三部分。其中网络互联用来实现要素之间的数据传输，包括企业外网、企业内网。工业网络是工厂生产管控的神经系统，是工厂中感知、控制、执行等各类设备、信息系统互联互通的基础设施，对于实现工厂自动化发挥着至关重要的作用。工业网络连接工业控制系统中的智能仪表、执行机构、控制器等设备，形成工厂 OT（Operational Technology）网络，同时将工厂 OT 网络与工厂 IT 网络互联，进而实现工业控制系统与制造执行系统（Manufacturing Execution System，MES）等工业信息系统、企业级工业互联网平台的互联。

通过了解各类工业网络基础知识，了解工业传感器、工业仪表、工业控制系统及常见工业网络设备等，能够安装网络设备、工业传感器和工业控制器，实现工业生产数据采集网络互联集成。

- **职业功能：**工业网络互联集成。
- **工作内容：**根据网络集成设计方案，实现网络互联集成。
- **专业能力要求：**能够根据网络集成设计方案，安装工业交换机、无线模块等网络设备；能够根据网络集成设计方案，配置网络设备功能；能够根据网络集成设计方案，安装工业传感器、工业控制器；能够识别工业传感器、工业控制器等的物理通信接口；能够根据网络集成设计方案，实现工业生产数据采集网络互联集成；能够使用通信调试工具、网络指令等手段，调试、测试工业设备数据采集网络的连通性。

- **相关知识要求：**工业以太网、现场总线等工业通信协议知识；有线与无线通信方式知识；串口、网络接口等通信接口知识；网络拓扑结构类型；工业传感器、工业控制器知识；工业交换机知识；常用网络测试指令。

第一节 工业网络基础

考核知识点及能力要求：

- 了解工业以太网、现场总线等工业通信协议知识；
- 了解有线与无线通信方式知识；
- 了解串口、网络接口等通信接口知识；
- 了解网络拓扑结构类型。

一、现场总线

（一）现场总线概念

目前来说，对现场总线概念的理解和解释存在一些不同的表述。根据国际电工委员会 IEC 61158 标准定义，现场总线是指安装在制造或过程区域的现场装置与控制室内的自动控制装置之间数字式、串行、多点通信的数据总线。现场总线也称为开放式、数字化、多点通信的底层控制网络。以现场总线为核心的工业控制系统，称为现场总线控制系统（Fieldbus Control System，FCS），它是继基地式气动仪表控制系统、电动单元组合式模拟仪表控制系统、集中式数字控制系统、集散式控制系统（Distributed Control System，DCS，也称分布式控制系统或离散式控制系统）之后，自 20 世纪 80 年代发展起来的一种新型网络集成式全分布控制系统。

现场总线作为工业数据通信网络的基础，建立了生产过程现场级控制设备之间及其与更高控制管理层之间的联系，是以智能传感、控制、计算机、数据通信为主要内容的综合技术。现场总线自产生以来，一直是自动化领域技术发展的热点之一，被誉为自动化领域的计算机局域网。近年来，无线传感网络与物联网（Internet of Things，IoT）技术也融入工业测控系统中。

现场总线国际标准IEC 61158中采用了8种协议类型，以及其他一些现场总线。每种现场总线都有其产生的背景和应用领域，如FF、PROFIBUS-PA适用于冶金、石油、化工、医药等流程行业的过程控制，PROFIBUS-DP、DeviceNet适用于加工制造业，CAN适用于汽车工业等。但这种划分不是绝对的，相互之间又有融合。HMS Networks公司每年都会对工业网络市场进行研究，从而分析工厂自动化中新安装节点的分布情况。目前国际上存在着几十种现场总线，根据市场份额，常用的有PROFIBUS-DP、Modbus-RTU、CC-Link、DeviceNet、CANopen等。

（二）常用现场总线介绍

1. PROFIBUS

PROFIBUS（Process Field Bus）作为德国国家标准DIN 19245和欧洲标准EN 50170的现场总线，ISO/OSI模型是它的参考模型。PROFIBUS-DP、PROFIBUS-FMS、PROFIBUS-PA组成了PROFIBUS系列。PROFIBUS协议采用ISO/OSI参考模型的第1层、第2层和第7层。PROFIBUS技术是由以西门子公司为主的十几家德国公司、研究所共同推出的。

PROFIBUS-DP中的DP是Decentralized Periphery的简称，即分散型外围设备，主要用于分散外部设备之间的高速传输。PROFIBUS-DP使用了OSI参考模型的第1层和第2层，隐去了第3～7层，增加了直接数据连接拟合作为用户接口，用户接口规定了用户、系统以及不同设备可调用的应用功能，并详细说明了各种不同PROFIBUS-DP设备的行为。这种精简的结构保证了数据的高速传送，特别适合可编程序控制器和现场分散的I/O设备之间的通信。根据其所要达到的目标对通信功能进行补充，PROFIBUS-DP的传输速率可达12 Mbit/s，一般构成单主站系统，主站、从站间采用循环数据传输方式工作。它的设计可用于设备一级的高速数据传输。在这一级，中央控制器（如PLC/PC）通过高速串行线与分散的现场设备（如I/O、驱动器、阀门等）进行通信。它与这些分散的设备进行数据交换时，大多数是周期性的。

PROFIBUS-DP 的主要特点有：传输介质支持屏蔽双绞线和光纤；支持总线型或树型拓扑，有终端电阻；采用不归零的差分编码，支持半双工、异步传输；无中继器的一个总线段传输距离可达 1 200 m 等。

基于 PROFIBUS-DP 网络的工业自动化系统中，常用的 PROFIBUS-DP 设备有可编程逻辑控制器（PLC）、工控机、触摸屏、编程器、远程 I/O、变频器和伺服驱动器等。

2. Modbus

Modbus 是一种串行通信协议，是莫迪康（Modicon）公司，即现在的 Schneider Electric（施耐德电气）公司于 1979 年为使用 PLC 通信而推出的。

Modbus 是全球第一个真正用于工业现场的总线协议。Modbus 协议描述了控制器请求访问其他设备的过程、如何回应来自其他设备的请求以及怎样侦测错误并记录。Modbus 是 OSI 参考模型第 7 层上的应用层报文传输协议，它在连接至不同类型的总线或网络的设备之间提供客户机 / 服务器通信。目前，Modbus 最常用的是 Modbus-TCP、Modbus-RTU、Modbus ACSII 三种。

远程终端单元（Remote Terminal Unit，Modbus-RTU）协议是一种开放的串行协议，广泛应用于当今的工业监控设备中。Modbus-RTU 协议支持 RS-485、RS-232 和 RS-422 串口协议，采用二进制表现形式以及紧凑数据结构，通信效率较高。另外，Modbus-RTU 协议是一种主从通信协议，在一个通信网络中，只能有一个主机存在，其余的都是从机。通信发生在主机和被寻址的从机之间，从机之间不能相互通信。

Modbus 可以在各种介质（如双绞线、光纤和无线介质等）上传送。

3. CC-Link

CC-Link 是 Control & Communication Link（控制与通信链路）的简称，即在工业控制系统中可以将控制和信息数据同时以 10 Mbit/s 高速传输的现场网络。CC-Link 现场总线由 CC-Link、CC-Link/LT、CC-Link Safety、CC-Link IE Control、CC-Link IE Field、SLMP 组成。CC-Link 协议由三菱电机公司推出，已经获得多个国际和国家标准认可。作为开放式现场总线，CC-Link 是唯一起源于亚洲地区的总线系统。

CC-Link 提供循环传输和瞬时传输两种方式的通信。每个循环传送数据为 24 byte,

其中 8 byte（64 bit）用于位数据传送。当通信速度达到 10 Mbit/s 时，最大传输距离为 100 m。使用电缆中继器和光中继器，还可进一步扩展网络的传输距离。

CC-Link 具有性能卓越、使用简单、成本低等突出优点，还具备互操作性和即插即用功能，以及具备优异的抗噪性能和兼容性以及工程简化能力。CC-Link 支持大规模应用，并节省了配线和设备安装所需的时间。CC-Link 兼容多种产品，如 PLC、输入输出模块、人机界面等。

4. DeviceNet

DeviceNet 是在 CAN 技术上发展起来、由美国艾伦 - 布拉德利（Allen-Bradley）公司在 1994 年推出的一种低成本设备层网络技术，将工业设备连接到网络，从而免去了价格昂贵的硬接线。DeviceNet 同时是一种简单的网络解决方案，在兼顾多供应商同类部件间可互换性的同时，减少了配线和安装工业自动化设备的成本与时间。DeviceNet 在 CAN 的物理层和数据链路层的基础上又定义了应用层、收发器和传输介质，使得在通信方面更加完善，并为上层的应用提供了更完善的接口。

DeviceNet 是一个开放式网络，其协议和规范都是开放式的。它可连接开关、光传感器、阀组、电动机启动器、过程传感器、变频调速设备、固态过载保护装置、条形码阅读器、I/O 和人机界面等，传输速率为 125 ~ 500 bit/s，干线长度为 100 ~ 500 m。DeviceNet 网络上的设备可以随时连接或断开，且不会影响其他设备的运行，方便维护和减少维修费用，也便于系统的扩充和改造。

DeviceNet 特别适用于制造业、工业、电力系统等行业的自动化，以及制造系统的信息化。

5. CANopen

CANopen 协议是一种基于 CAN 总线的应用层协议，它是作为一种标准化的嵌入式网络而开发的，具有高度灵活的配置能力，是工业控制常用到的一种现场总线。CANopen 的通信模型遵从 OSI 参考模型中的物理层、数据链路层和应用层规范。

CANopen 的特性有：介质访问控制及物理信号使用 CAN 总线技术；通信速率为 10 kbit/s ~ 1 Mbit/s；支持主 / 从、客户机 / 服务器等多种通信模式；针对多种行业设备制定有多种设备子协议，可实现设备互换使用；可以使用多种线缆和连接器，采用心跳报文、节点保护、寿命保护等多种设备监控方式，有利于节点之间的可靠通信。

（三）现场总线的特点

1. 技术特点

（1）系统的开放性。系统的开放性是指通信协议公开，不同厂家的设备之间可进行互联以实现信息交换。现场总线开发者致力于建立统一的工厂底层网络的开放系统。这里的开放性，是指相关标准的一致性、公开性，强调对标准的遵从和共识。它可以与任何遵守相同标准的其他设备或系统互联。开放系统把选择设备进行系统集成的权利交给了用户，用户可以按需要把来自不同供应商的产品组成大小任意的系统。一个具有总线功能的现场总线网络系统必须是开放的。

（2）互操作性与互用性。互操作性与互用性是指实现互联设备间、系统间的信息传送与沟通，可实现点对点、一对多点的数字通信。互用性是指不同厂家生产的性能类似的设备因进行互换而实现互用。

（3）现场设备的智能化与功能自治性。这是指将传感测量、补偿计算、工程量处理与控制等功能分散到现场设备中，仅靠现场设备即可完成自动控制的基本功能，并随时诊断设备的运行状态。

（4）系统结构的高度分散性。现场总线已构成一种全新的全分布式控制系统的体系结构，从根本上改变了 DCS 集中与分散相结合的集散控制系统，简化了系统结构，提高了可靠性。

（5）对现场环境的适应性。作为工厂网络底层的现场总线，工作在现场设备前端，是专为现场环境工作而设计的，可支持双绞线、同轴电缆、光缆、射频红外线、电力线等，具有较强的抗干扰能力，能采用两线制实现送电与通信功能，并可满足防爆等本质安全要求。

2. 结构特点

传统控制系统采用一对一的设备连接，按控制回路分别进行连接。而现场总线打破了传统控制系统的结构形式。现场总线控制系统采用智能现场设备，能够把原先 DCS 系统中处于控制室的控制模块、各输入 / 输出模块置入现场设备，而且现场设备具有通信能力，现场的测量变送仪表可以与阀门等执行机构直接传输信号，因而控制系统功能能够直接在现场完成而不依赖控制室的计算机或控制仪表，实现彻底的分散控制。

二、工业以太网

（一）工业以太网概念

人们习惯将用于工业控制系统的以太网统称为工业以太网。按照 IEC SC65C 的定义，工业以太网是用于工业自动化环境，符合 IEEE 802.3 标准，按照 IEEE 802.1D“介质访问控制网桥”规范和 IEEE 802.1Q“局域网虚拟网桥”规范，对其不进行任何实时扩展而实现的以太网。

工业以太网一般是指在技术上与商业以太网（即 IEEE 802.3 标准）兼容，但在产品设计时，在材料的选用、产品的强度、适用性以及实时性等方面满足工业现场的要求，也就是满足环境性、可靠性、实时性、安全性以及安装方便等要求的以太网。工业以太网是应用于工业自动化领域的以太网技术，是在以太网技术和 TCP/IP 技术的基础上发展起来的一种工业控制网络。以太网进入工业自动化领域的直接原因是现场总线多种标准并存，且成本高、速率低、难于选择，异种网络通信困难。在这样的技术背景下，以太网逐步应用于工业控制领域，并且得到快速发展。工业以太网的发展得益于以太网多方面的技术进步。

工业以太网主要是通过采用减轻以太网负荷、提高网络速度，采用交换式以太网和全双工通信，采用信息优先级和流量控制以及虚拟局域网等技术提高网络的实时响应速度，到目前为止，工业以太网的实时响应时间可达 5 ~ 10 ms，相当于现有的现场总线。工业以太网具有相同的通信协议，能实现办公自动化网络与工业控制网络的无缝连接。

当前国内外各大工控公司推出了基于以太网的 DCS、PLC、数据采集器以及基于以太网的现场仪表、显示仪表等产品。在控制器、PLC、测量变送器、执行器及 I/O 卡等设备中嵌入以太网通信接口、TCP/IP、Web Sever，便可形成支持以太网、TCP/IP 和 Web 服务器的以太网现场节点。

工业以太网一般应用于对通信实时性要求不高的场合。对于响应时间小于 5 ms 的应用，工业以太网已不能胜任。实时以太网是为应对工业控制中通信实时性、确定性提出的根本解决方案，属于工业以太网的特色与核心技术。

目前，工业以太网的市场份额已超过现场总线。根据市场份额，常用的工业以太网协议有 PROFINET、EtherNet/IP、EtherCAT、Modbus-TCP、POWERLINK 等。

（二）常用工业以太网介绍

1. PROFINET

PROFINET 由 PROFIBUS 国际组织推出，是新一代基于工业以太网技术的自动化总线标准。PROFINET 包括实时以太网、运动控制、分布式自动化、故障安全以及网络安全等当前自动化领域的热点，并且作为跨供应商的技术，可以完全兼容工业以太网和现有的现场总线（如 PROFIBUS）技术。

PROFINET 是适用于不同需求的完整解决方案，包括 8 个主要功能模块，依次为实时通信、分布式现场设备、运动控制、分布式自动化、网络安装、IT 标准和信息安全、故障安全和过程自动化。

PROFINET 包括 TCP/IP 标准通信、实时（RT）通信和同步实时（IRT）通信 3 种不同类型的通信模式。TCP/IP 标准通信主要用于对时间要求不高的数据传输，如设备参数、诊断数据、装载数据等。对于传感器和执行器设备之间的数据交换，系统对响应时间的要求更为严格，PROFINET 提供了一个优化的、基于以太网第二层的实时通信通道，从而极大地减少了数据在通信栈中的处理时间，PROFINET 实时（RT）通信的典型响应时间为 5 ~ 10 ms。在现场级通信中，运动控制对通信实时性要求最高，PROFINET 的同步实时（IRT）技术可以满足运动控制的高速通信需求，在 100 个节点下，响应时间要小于 1 ms。

2. EtherNet/IP

EtherNet 表示采用 EtherNet 技术，即 IEEE 802.3 标准；IP 表示工业协议，以区别于其他 EtherNet 协议。不同于其他工业 EtherNet 协议，EtherNet/IP 协议采用已经被广泛使用的开放协议，即通用工业协议（Common Industrial Protocol，CIP）协议作为应用层协议。所以，可以认为 EtherNet/IP 是 CIP 协议在 EtherNet、TCP/IP 协议基础上的具体实现。另外，CIP 除了作为 EtherNet/IP 的应用层协议外，还可以作为 ControlNet 和 DeviceNet 的应用层。

在 EtherNet/IP 控制网络中，设备之间在 TCP/IP 的基础上通过 CIP 实现通信。CIP 采用控制协议来实现实时 I/O 数据报文传输，采用信息协议来实现显性信息报文输出。EtherNet/IP 协议支持显性和隐性报文，并且使用目前流行的商用以太网芯片和物理媒体。EtherNet/IP 工业以太网采用有源星型拓扑结构，一组装置点对点连接到交换机，具有接线简单、故障容易查找、维护方便等优点。

3. EtherCAT

EtherCAT 是一种全新的、高可靠性的、高效率的实时工业以太网技术，扩展了 IEEE 802.3 以太网标准。它是基于 EtherNet 的可实现实时控制的开放式网络，因为其具有非常短的循环周期和高同步性，所以适用于伺服运动控制系统。

EtherCAT 的通信方式分为周期性过程数据通信和非周期性过程数据通信。周期性过程数据通信主要用在工业自动化环境中对实时性要求高的过程数据传输场景，非周期性过程数据通信主要用在对实时性要求不高的数据传输场景。

EtherCAT 的主要特点有：完全符合以太网标准；支持多种拓扑结构，可以使用普通以太网使用的电缆或光缆；具有广泛的适用性；效率高、刷新周期短；同步性好；拥有多种应用层协议接口来支持多种工业设备行规等。

4. Modbus-TCP

Modbus 是目前应用最广泛的现场总线协议之一，推出了基于以太网 TCP/IP 的 Modbus 协议，即 Modbus-TCP（工业以太网协议）。Modbus-TCP 以一种比较简单的方式将 Modbus 帧嵌入 TCP 帧中。

Modbus-TCP 是 OSI 参考模型第 7 层上的应用层报文传输协议，在连接至不同类型总线或网络的设备之间提供客户机 / 服务器通信。目前 Modbus-TCP 网络支持有线、无线类的多传输介质，有线介质包括 EIA/ TIA-232、EAI-422、EIA/ TIA-485，光纤等。在 Modbus-TCP 通信体系中，每种设备（如 PLC、HMI、控制面板、驱动设备和 I/O 设备等）都能使用 Modbus 协议来启动远程操作。在基于串行链路和以太网 TCP/IP 的 Modbus 上可以进行相同的通信，一些网关允许在几种使用 Modbus 协议的总线或网络之间进行通信。

Modbus-TCP 的主要特点有：易于与各种系统互连、网络实施价格低廉、数据高速传输，可在 UNIX、Linux、Windows 系统环境下运行，不需要专门的驱动程序。只要在应用层使用 Modbus-TCP，就可实现工业以太网数据交换。

5. POWERLINK

POWERLINK 是 IEC 国际标准，主攻方向是同步驱动和特殊设备的驱动要求。POWERLINK 是一个由物理层、数据链路层和应用层构成的 3 层通信网络，这 3 层包含 OSI 模型中规定的 7 层协议。

具有 3 层协议软件的 POWERLINK 在 CANopen 应用层上可以连接各种设备，如 I/O、阀门、驱动器等。在物理层下连接了 EtherNet 控制器，用来收发数据。由于以太网控制器种类众多，不同控制器需要不同的驱动程序，因此在“EtherNet 控制器”和“POWERLINK 传输”之间有一层“EtherNet 驱动器”。

POWERLINK 物理层采用普通以太网的物理层，可以使用工厂中现有的以太网进行布线，从机器设备的基本单元到整台设备、生产线，再到办公室，都可以使用以太网。

一个 POWERLINK 周期中既包括同步通信阶段，也包括异步通信阶段。同步通信阶段即周期性通信，用于周期性传输通信数据；异步通信阶段即非周期性通信，用于传输非周期性数据。因此，POWERLINK 网络可以适用于各种设备。

（三）工业以太网的特点

（1）应用广泛。工业以太网是目前应用最广泛的工业网络，市场份额已经远远超过现场总线，且几乎所有的编程语言都支持 EtherNet 的应用开发。

（2）通信速率高。目前工业以太网的通信速率为 10 Mbit/s、100 Mbit/s、1 000 Mbit/s、10 Gbit/s，可以满足对宽带有更高要求的通信要求。

（3）开放性和兼容性好，易于信息集成。工业以太网采用由 IEEE 802.3 所定义的数据传输协议，它是一个开放的标准，为 PLC 和 DCS 厂家所广泛接受。

（4）控制算法简单。工业以太网没有优先权控制，访问控制算法可以很简单，且不需要管理网络上当前的优先权访问级。

（5）不需要中央控制站。令牌环网采用了“动态监控”，需要一个站负责管理网络。如果没有动态监测传统令牌环网是无法运行的；而工业以太网不需要中央控制站，不需要动态监测。

（6）软硬件资源丰富。大量的软件资源和设计经验可以显著降低系统的开发和培训费用，可以显著降低系统的整体成本，并加快系统开发和推广速度。

（7）成本低廉。由于工业以太网应用广泛，受到硬件开发和生产厂商的高度重视及广泛支持，有多种硬件产品供用户选择，硬件价格相对低廉。

三、工业无线通信技术

（一）工业无线通信技术概念

与有线通信技术相比，工业无线通信技术具有如下优势。

（1）低成本。工业现场的工业网络线缆布设成本高，且网络链路出现故障后维护成本高。采用工业无线通信技术可节省布线与维护成本。

（2）组网灵活。采用工业无线通信技术，能够根据工业现场需求快速、灵活地重构工业通信网络。

（3）增加产线设备的灵活度。采用工业无线通信技术，使现场设备摆脱了线缆的束缚，增强了现场设备移动自由度。

由于工业无线通信技术的独特优势，近年来全球工业无线网络部署量快速增加，典型应用包括移动工业设备连接、无线机器访问、无线通信替代有线通信的网络改造等。

当前工业主要应用的无线通信技术为工业无线局域网，5G 具有低延时、大带宽等特点，已在多个行业开展应用。

（二）工业无线局域网

1997 年 IEEE 制定了无线局域网（Wireless Local Area Network，WLAN）协议标准 IEEE 802.11。WLAN 最初主要用于办公、家庭等局域网用户终端的无线接入。使用 IEEE 802.11 系列协议的局域网又称为 Wi-Fi。

IEEE 802.11 是一个非常复杂的标准体系。简单地说，IEEE 802.11 就是无线以太

网的标准，它使用星型拓扑结构，中心为接入点（Access Point，AP），在MAC层使用载波监听多路访问/冲突避免（CSMA/CA）协议。在无线局域网中，发送数据之前先对媒体进行载波监听。为了尽量避免碰撞，IEEE 802.11规定，所有的站在完成发送后，必须等待一段很短的时间（继续监听）才能发送下一帧。帧间间隔的长短取决于该站要发送帧的类型。高优先级帧需要等待的时间较短，因此可优先获得发送权，但低优先级帧必须等待较长时间。

工业WLAN继承了WLAN的基本功能和特性，但工业现场对无线网络有更严苛的要求，使得传统WLAN难以直接应用于工业通信中。工业WLAN主要解决网络传输的确定性问题。该确定性定义为在确定的时限内完成可靠的数据通信，即以可靠性为前提的网络实时性。

下面分两个阶段，简要介绍IEEE的WLAN标准对可靠实时性支持的演进。

阶段一：IEEE 802.11/a/b/g及IEEE 802.11e标准的MAC层协议。1997年，IEEE 802.11标准的原始版本发布。该版本可以在2.4 GHz频段下支持最大速率为2 Mbit/s的无线通信。1999年，标准组陆续发布了IEEE 802.11a和IEEE 802.11b协议。IEEE 802.11b工作在2.4 GHz频段，支持最大速率为11 Mbit/s；IEEE 802.11a工作在5 GHz频段，支持的最大速率达到了54 Mbit/s。2003年，IEEE 802.11g标准发布。该协议工作在2.4 GHz频段，支持的最大速率为54 Mbit/s。这些协议具有相同的基本MAC机制，即分布式协同功能（Distributed Coordination Function，DCF）机制和点协同功能（Point Coordination Function，PCF）机制。然而这两个基本机制无法提供良好的服务质量（Quality of Service，QoS），无法有效保证高优先级业务的实时性，如多媒体业务和工业通信。为解决这个问题，标准组提出了IEEE 802.11e修订案。IEEE 802.11e协议在DCF和PCF机制的基础上，提出了混合协调功能（Hybrid Coordination Function，HCF）。HCF定义了业务种类（Traffic Categories，TC），并采用优先级的方案以满足包括工业应用在内的实时应用的需求。

阶段二：IEEE 802.11/n/ac/ax/ah的MAC协议，以及IEEE 802.11aa/ae两个修订案。由于高数据率与网络QoS需求日益增长，2009年，IEEE 802.11工作组颁布了IEEE 802.11n标准。该标准采用多输入多输出（Multiple-input Multiple-output，MIMO）技

术，提供了最高 600 Mbit/s 的传输速率。为了更有力地保障实时应用 QoS，在 IEEE 802.11-2012 修订版本中，加入了 IEEE 802.11aa 和 IEEE 802.11ae 两个修订案。2014 年，IEEE 802.11ac 协议颁布，该协议最高可以支持达到 7 Gbit/s 的传输速率。2017 年，IEEE 802.11ah 协议发布。该协议工作在低于 1 GHz 的免许可频段，可以提供远超传统 IEEE 802.11 协议的传输距离。IEEE 802.11ah 主要应用于物联网相关场景，其中也包括工业通信场景。IEEE 802.11ax 协议是下一代的高吞吐量 WLAN 的修订案，也称为 Wi-Fi 6，于 2019 年发布。Wi-Fi 6 网络通过正交频分多址（OFDMA）、上行链路多用户多输入多输出（UL MU-MIMO）等技术，适用于高密度无线接入和高容量无线业务，不但支持接入更多的客户端，而且能均衡用户带宽。在工业制造场景中，Wi-Fi 6 的应用场景丰富。例如大量高清视频回传以进行质量检验的场景，使用 Wi-Fi 6 可以提供支持更多的高清摄像头同时回传更高质量的视频数据，进而提高检验质量和效率。

此外，为了满足工业应用需求，一些工业通信厂商开发了其他新的技术，如工业点协调功能（iPCF）、工业并行冗余（iPRP）等。

（三）5G 及其工业应用

当下的移动工业无线通信，相当一部分在使用 4G 网络。5G 作为最新一代无线通信技术，由于其自身特点，已经越来越多地应用于工业生产。

1. 5G 简介

5G 是指第五代移动通信技术，是新一代信息通信技术演进升级的重要方向。国际电信联盟定义了 5G 的三大应用场景，即增强移动宽带（eMBB）、低时延高可靠（uRLLC）、海量机器类通信（mMTC），其中后两个场景主要面向工业等实体经济行业需求设计。5G 可有效解决工业有线技术移动性差、组网不灵活、特殊环境铺设困难等问题，突破了现有工业无线技术在可靠性、连接密度、传输能力等方面的局限，有效满足了大规模数据采集和感知、精准操控、远程控制等工业生产需要，提升了工业互联网网络基础能力。

5G 的主要特点体现在以下几个方面。

（1）高速率。5G 的峰值速率达到 20 Gbit/s。

（2）低时延。5G 可实现低至 1 ms 的传输时延。

（3）大连接。5G 支持每平方公里连接的设备达到 100 万个。

此外，5G 网络切片技术可实现独立定义网络架构、功能模块、网络能力（如用户数、吞吐量）和业务类型，能够满足不同工业场景的连接需求。

2. 5G 工业应用情况

目前 5G 已经在我国电子设备制造业、装备制造业、钢铁行业、采矿行业、电力行业、石化化工行业、建材行业、港口行业、纺织行业、家电行业得到应用，涉及协同研发设计、远程设备操控、机器视觉质检、设备协同作业、柔性生产制造、现场辅助装配、设备故障诊断、厂区智能物流、无人智能巡检、生产现场检测、生产单元模拟、精准动态作业、生产能效管控、工艺合规校验、生产过程溯源、设备预测维护、厂区智能理货、全域物流监测、虚拟现场服务、企业协同合作等应用场景。

下面以远程设备操控、机器视觉质检和柔性生产制造三个应用场景为例，对 5G 在工业中的应用进行介绍。

（1）远程设备操控。综合利用 5G、自动控制、边缘计算等技术，建设或升级设备操控系统，通过在工业设备、摄像头、传感器等数据采集终端上内置 5G 模组或部署 5G 网关等设备，实现工业设备与各类数据采集终端的网络化，设备操控员可以通过 5G 网络远程实时获得生产现场全景高清视频画面及各类终端数据，并通过设备操控系统实现对现场工业设备的实时精准操控，有效保证控制指令快速、准确、可靠执行。

（2）机器视觉质检。在生产现场部署工业相机或激光器扫描仪等质检终端，通过内嵌 5G 模组或部署 5G 网关等设备，实现工业相机或激光扫描仪的 5G 网络接入，实时拍摄产品质量的高清图像，通过 5G 网络传输至专家系统，由专家系统基于人工智能算法模型进行实时分析，对比系统中的规则或模型要求，判断物料或产品是否合格，实现缺陷实时检测与自动报警，并有效记录瑕疵信息，为质量溯源建立数据基础。

（3）柔性生产制造。数控机床和其他自动化工艺设备、物料自动储运设备通过内置 5G 模组或部署 5G 网关等设备接入 5G 网络，实现设备连接无线化，大幅减少网线布放成本、缩短生产线调整时间。通过 5G 网络与多接入边缘计算（MEC）系统结合，部署柔性生产制造应用，能满足工厂在柔性生产制造过程中对实时控制、数据集成与互操作、安全与隐私保护等方面的关键需求，支持生产线根据生产要求进行快速重构，根据市场对不同产品的需求进行生产线快速配置优化。

四、工业通信介质

（一）有线通信介质

工业网络中常用的传输介质分为有线和无线两大类。常见的有线通信介质有双绞线、同轴电缆和光纤等。

1. 双绞线

双绞线适用于模拟和数字通信，是一种通用的传输介质，特别是在短距离情况下（如局域网）应用非常广泛。将两根互相绝缘的铜导线按照一定的规则互相绞合在一起，然后在外层套上一层保护套或屏幕套，就可以做成双绞线。成对线的扭绞使电磁辐射和外部电磁干扰减到最小，多对双绞线封装后即构成对称电缆。双绞线的传输速率取决于芯线质量、传输距离、驱动和接收信号的技术等，芯线为软铜线，一般线径为 0.4 ~ 1.4 mm，每根线加绝缘层并带有颜色标记。双绞线分为屏蔽双绞线（STP）和非屏蔽双绞线（UTP）两种，屏蔽双绞线带有金属屏蔽外套，阻抗外部干扰的能力强。

2. 同轴电缆

同轴电缆由内导体芯线（单股实心线或多股绞合线）、绝缘层、外导体屏蔽层及塑料保护套等构成。同轴电缆的低频串音及抗干扰特性不如对称双绞线电缆，但随着频率升高，外导体的屏蔽作用增强，其串音和抗干扰能力大为改善，因此常用于高速率的数据传输，但价格要比双绞线高。

按特性阻值的不同，同轴电缆主要可分为 50 Ω 和 75 Ω 两类。50 Ω 同轴电缆又称为基带同轴电缆，用于传输基带数字信号，专为数据通信网所用。使用这种同轴电缆在 1 km 距离内，基带数字信号传输速率上限可达 50 Mbit/s，一般应用在 10 Mbit/s。75 Ω 同轴电缆又称为宽带同轴电缆，是公用天线电视系统采用的标准电缆。

按线缆的粗细不同，同轴电缆分为粗缆和细缆。粗缆抗干扰性能好，传输距离较长；细缆价格低，传输距离短。在局域网发展的初期曾广泛使用同轴电缆作为传输介

质，但随着科技的进步，在局域网领域基本上采用双绞线作为传输介质。目前同轴电缆主要用于工厂的各种现场总线。

3. 光纤

光纤是由一组光导纤维作为芯线加上防护外皮做成的。光纤通常是由非常透明的石英玻璃拉成细丝，柔韧并能传输光信号的传输介质，主要由纤芯和包层构成双层同心圆柱体。光纤具有传输距离长、传输速率高、安全性好、频带宽、误码率低、传播延时很小、抗干扰能力强和线径小、重量轻等特点，主要用于长距离、大容量、高速度的场合，如大型网络的主干线等。

光纤只能用于单向传输，如需双向通信则应成对使用。当光线从一种介质转入另一种介质时会发生折射，如果射到光纤表面的光线的入射角大于一个临界值，就会发生全反射，光线将完全限制在光纤之中。根据使用的光源和传输模式不同，光纤分为单模光纤和多模光纤两种。如果光纤的直径减小到一个光波波长，则光纤如同一个波导，光在其中没有反射而沿直线传播，这种光纤称为单模光纤。不同光线在介质内部以不同的反射角传播，可认为每一束光有一个不同模式，具备这种特性的光线称为多模光纤。单模光纤性能很好，传输速率较高，适合于长距离传输，但其制作工艺比多模光纤更难，成本较高；多模光纤成本较低，但性能比单模光纤差一些。

光纤通过传递光脉冲进行数据传输，是目前最理想的宽带传输介质。双绞线、同轴电缆和光纤的性能比较见表 1–1。

表 1–1　双绞线、同轴电缆和光纤的性能比较

传输介质		抗电磁干扰	价格	频带宽度	单段最大长度
双绞线	UTP	较差	最便宜	低	100 m
	STP	较好	一般	中等	100 m
同轴电缆		较好	一般	高	185 m（细缆）/500 m（粗缆）
光纤		最好	最贵	极高	几十千米

（二）无线通信介质

无线通信是指信号通过空间传输，而不被约束在一个物理导体内。它不用电缆铜线或光纤连接，而是采用各个波段的无线电波、红外线、激光等进行传播。无线电波被广泛应用于通信的原因是传播距离远，容易穿过建筑物，而且无线电波是全方向传播的，因此无线电波的发射和接收装置不必要求精确对准。

目前工业无线网络主要用于工厂内部信息化、设备信息采集以及部分非实时控制等，是有线网络的重要补充。工业无线网络主要包括短距离通信技术，如 Wi-Fi、RFID（射频识别）、Zigbee（紫蜂）等，用于车间或工厂内的传感数据读取、物品及资产管理、AGV 等无线设备的网络连接；专用工业无线通信技术，如 WIA-PA/FA、WirelessHART、ISA100.11a 等；以及蜂窝无线通信技术，如 4G/5G、NB-IoT（窄带物联网）等，用于工厂外智能产品、大型远距离移动设备和手持终端等的网络连接。

五、常见工业通信接口

（一）串行接口

工业网络中经常采用 RS-232、RS-485 及 RS-422 标准的串行通信接口进行数据通信。RS-485 和 RS-422 是在 RS-232 标准的基础上经过改进而形成的。当需要长距离（几百米到上千米）传输时，则需要采用 RS-485 接口；如果要求通信双方均可主动发送数据，必须采用 RS-422 接口。

1. RS-232 串行总线接口

RS-232C 是美国电子工业协议 EIA 制定的一种串行物理接口标准。RS 代表推荐标准，232 为标识号，C 为修改次数。由于每次修订的改动量并不大，一般统称为 RS-232 标准。它既是一种协议标准，也是一种电气标准，规定了终端与通信设备之间信息交换的方式和功能。

RS-232 总线标准设有 25 条信号线，包括一个主通道和一个辅助通道。RS-232 接口标准可分成 25 针和 9 针 D 型插座两种，均有针、孔之分，其引脚的定义也各不相同，如图 1-1 所示。其主要端子分配见表 1-2。

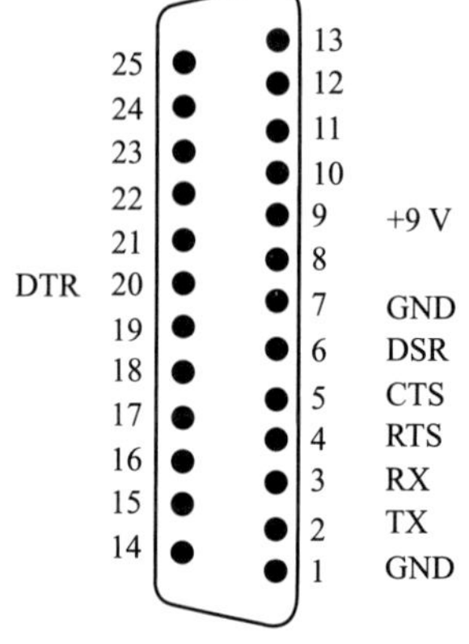

图 1-1　RS-232 DB25 连接器引脚

表 1–2 RS–232 主要端子

端脚		方向	符号	功能
25 针	9 针			
2	3	输出	TXD	发送数据
3	2	输入	RXD	接收数据
4	7	输出	RTS	请求发送
5	8	输入	CTS	为发送清零
6	6	输入	DSR	数据设备准备好
7	5	—	GDN	信号地
8	1	输入	DCD	数据信号检测
20	4	输出	DTR	
21	9	输入	RI	

RS–232 接口采用按位串行的方式单端发送、单端接收，传输距离短（最大传输距离为 15 m），数据传输速率低（最高传输速率为 20 kbit/s），抗干扰能力差。当前，PLC 与上位机的通信就是通过 RS–232 完成的。

2. RS–422 串行总线接口

RS–422 由 RS–232 发展而来。RS–422 标准的全称是平衡电压数字接口电路的电气特性，它定义了接口电路的特性。为克服 RS–232 通信距离短、速度低的缺点，RS–422 定义了一种平衡通信接口，将传输速率提高至 10 Mbit/s，允许在一条平衡总线上连接最多 10 个接收器。RS–422 是一种单机发送、多机接收的单向、平衡传输标准。RS–422 的数据信号采用差分传输方式，也称为平衡传输。它使用完全独立的双线平衡传输，抗干扰能力大大增强。

RS–422 的最大传输距离为 4 000 英尺（约 1 219 m），最大传输速率为 10 Mbit/s。其平衡双绞线的长度与传输速率成反比，在 100 kbit/s 速率下，才可能达到最大传输距离。只有在很短的距离下才能获得最大传输速率。一般在 100 m 长的双绞线上所能获得的最大传输速率仅为 1 Mbit/s。

RS–422 需要一个终接电阻，要求其阻值约等于传输电缆的特性阻抗。在短距离传输时可不需要终端电阻，即一般在 300 m 下不需终接电阻。终接电阻接在传输电缆的最远端。

3. RS–485 串行总线接口

为扩展应用范围，在 RS–422 的基础上制定了 RS–485 标准，增加了多点、双向通信能力，通常在要求通信距离为几十米至上千米时，广泛采用 RS–485 收发器。

与 RS–422 相同，RS–485 最大传输速率为 10 Mbit/s。当波特率为 1 200 bit/s 时，最大传输距离理论上可达 15 km。平衡双绞线的长度与传输速率成反比，在 100 kbit/s 速率以下时，才可能使用规定最长的电缆长度。RS–485 需要两个终端电阻，接在传输总线的两端，其阻值要求等于传输电缆的特性阻抗。

RS–485 与 RS–422 的不同之处在于：RS–422 为全双工结构，即可以在接收数据的同时发送数据；RS–485 为半双工结构，在同一时刻只能接收或者发送数据。RS–485 在 PLC 的控制网络中应用广泛。

（二）网络接口

1. RJ–45 端口

接线方式 RJ–45 端口即常见的双绞线以太网端口，有 T568A 和 T568B 两种。T568A 的排布方式为 1– 白绿，2– 绿，3– 白橙，4– 蓝，5– 白蓝，6– 橙，7– 白棕，8– 棕；T568B 的排布方式为 1– 白橙，2– 橙，3– 白绿，4– 蓝，5– 白蓝，6– 绿，7– 白棕，8– 棕。

两线两头压接时，可以接成直通线，也可以接成交叉线。直通线即为网线两端水晶头做法相同，都采用 T568A 或 T568B 标准接法，用于计算机到 ADSL 调制解调器，计算机到集线器或交换机；交叉线就是网线两端水晶头做法不相同，一端采用 T568B 标准，另一端采用 T568A 标准，用于计算机到计算机、集线器到集线器、交换机到交换机、路由器到路由器的连接。

RJ–45 端口在典型办公环境下有足够的可靠性，但是在工业现场受到环境灰尘、温度、湿度、电磁干扰或震动的影响，性能和可靠性都会下降，普通 RJ–45 插座和插头不能保证网络长期运行的安全，应当要求 RJ–45 具有抵御恶劣工业环境的能力。目前出现了一种满足 IEC 草案标准要求的工业用 RJ–45 隔舱式连接器，这种封闭式

RJ-45 插头和插座达到了 IP67 的等级评定，可防尘防水。

2. SC 端口

SC（Subscriber Connector）端口也就是光纤端口，用于与光纤的连接。光纤连接到快速以太网或千兆以太网等具有光纤端口的交换机，都是“100b FX”标注。

六、网络拓扑结构类型

网络拓扑结构是指一个网络中各个节点之间互连的几何构型，抛开了网络物理连接来讨论网络系统的连接形式，它可以表示出网络设备的网络配置和互相之间的连接。网络拓扑结构主要影响网络设备类型、设备能力、网络扩张潜力和网络管理模式等。工业网络拓扑一般有星型、环型和总线型三种结构形式。

（一）星型网络

星型网络的结构特点是以中央节点为中心，网络中任何两个节点不能直接进行通信，数据传送必须经过中央节点的控制。上位机（主机）通过点对点的方式与各个现场处理机（从机）进行通信，就是星型网络，如图 1-2a）所示。

星型网络结构简单，建网容易，便于程序集中开发和资源共享。但上位机负荷重，线路利用率低，系统费用高。如果上位机发生故障，整个通信系统将瘫痪。

（二）环型网络

环型网络的结构特点是各个节点通过环路接口首尾相连，形成环形。各个节点均可以请求发送信息，请求得到批准后，数据沿环路穿越各个环路接口，单向或双向发送，直到接收节点，再返回到发送节点，如图 1-2b）所示。

环型网络结构简单、安装费用低，某个节点发生故障时可以自动旁路，系统可靠性高。自动化系统经常采用环形网络。环型网络的缺点是由于信息串行穿过多个节点环路接口，当节点过多时会影响传输效率，使得网络响应时间变长；而且节点故障会引起全网故障，故障检测困难，扩充不方便。

（三）总线型网络

总线型网络利用总线连接所有的站点，所有的站点对总线具有同等的访问权。总线型是工业控制网络数据通信中应用最广泛的一种网络拓扑形式，如图 1-2c）所示。

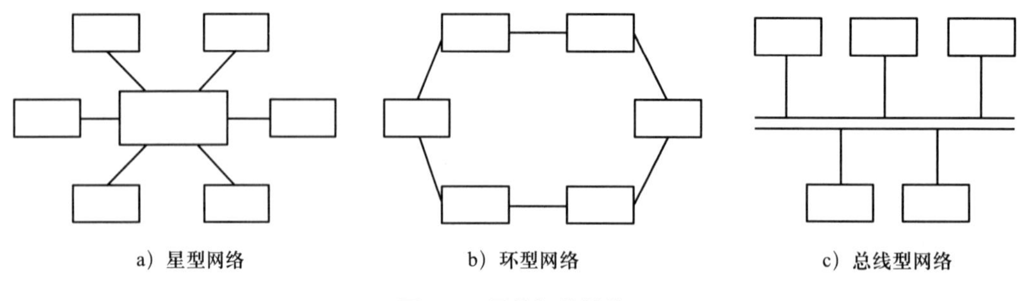

a）星型网络　　b）环型网络　　c）总线型网络

图 1–2　网络拓扑结构

总线型网络结构简单、易于扩充、可靠性高、灵活性好、网络响应速度快、需要的设备和电缆数量少。缺点在于所有节点都要采用共享传输介质，存在多节点争用总线的问题。

第二节　工业传感器与工业仪表

考核知识点及能力要求：

- 了解常用工业传感器、工业仪表知识；
- 能够识别工业传感器的物理通信接口；
- 能够根据网络集成设计方案安装工业传感器。

一、传感器的组成

传感器是与人的感觉器官相对应的元件，按照国家标准 GB 7665—2005 的规定，传感器为“能感受被测量并按照一定的规律转换成可用输出信号的器件或装置，通常

由敏感元件和转换元件组成"。其中，敏感元件是指传感器中能直接感受或响应被测量的部分；转换元件是指传感器中将敏感元件感受的被测量转换成适于传输或测量的部分。在过程控制系统中，传感器的作用是检测被控过程的状态及其相应的物理量，以便控制过程参数出现的偏差。由于传感器的输出信号一般十分微弱，因此需要有信号调理 / 转换电路对其进行放大与转换等。此外，信号调理 / 转换电路以及传感器工作时还需要电源供电，所以常常将信号调理 / 转换电路以及所需的电源也看作传感器组成的一部分。传感器的组成框如图 1–3 所示。

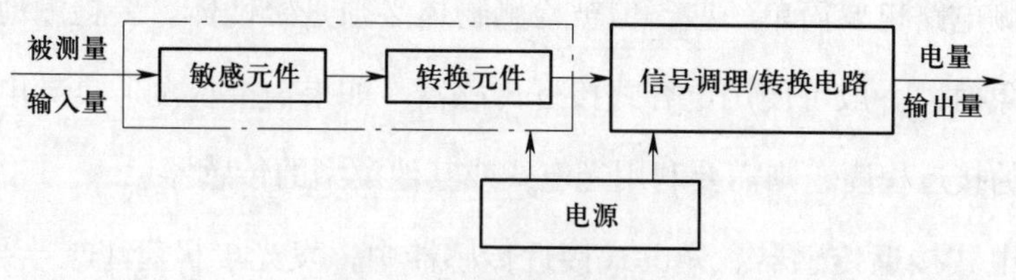

图 1–3　传感器组成框图

实际上，在有些传感器中敏感元件和转换元件两部分的区分并不明显，而是二者合为一体（如热电偶），直接将被测量转换成电信号。

二、工业传感器

（一）常用工业传感器介绍

下面以工业产线上常用的接近传感器、工业设备振动检测常用的振动传感器、工业设备温度检测和智能产线上常用的视觉传感器等为代表进行介绍。

1. 接近传感器

接近传感器用于近距离对象的存在检测，它利用位移传感器对接近的物体具有敏感特性来识别物体的接近，并输出相应开关信号，因此，通常又把接近传感器称为接近开关，如图 1–4 所示。

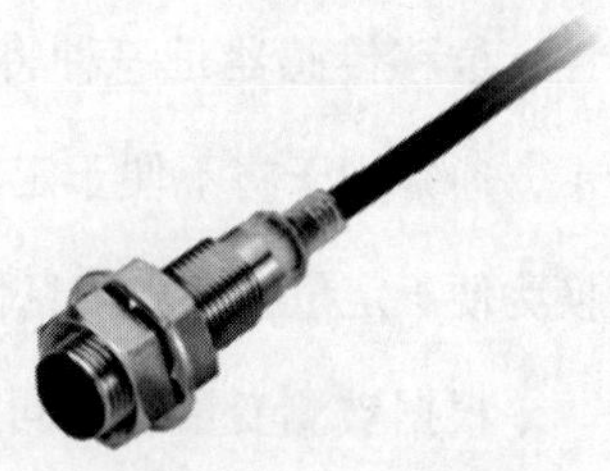

图 1–4　接近传感器

目前常用的接近传感器有电容式接近传感器、电感式接近传感器、光电式接近传感器。

（1）电容式接近传感器。电容式接近传感器是利用检测被检测对象与检测极板间电容的变化，来检测物体的接近程度的传感器。其工作原理是当被检测物体足够远时，两极板间形成恒定的电容量，当物体接近两极板时，两极板间电容就会增大。检测电路通过检测极板间电容量的变化，就可以获得物体与传感器的接近程度。

（2）电感式接近传感器。如果检测对象为钢、铁等磁性材料，则可以利用其磁通特性来检测物体的接近程度。其工作原理是当磁性材料接近传感器时，由于缝隙的减小，磁芯的磁通量增加，线圈的电感也随之增加。通过检测线圈的电感即可得到物体与传感器间的接近程度。与电容式接近传感器相比，电感式接近传感器的灵敏度会更高一些，检测电路也要简单一些，但被检测物体必须是磁性体。要检测地面、水面或生物体等对象时，一般可使用电容式接近传感器。如果需要检测非良导电体，如塑料等材料物体的接近程度，则需要利用光电式或其他类型的传感器。

（3）光电式接近传感器。光电式接近传感器中，发光二极管（或半导体激光管）的光束轴线和光电三极管的轴线在一个平面上，并形成一定的夹角，两轴线在传感器前方交于一点。当被检测物体表面接近交点时，发光二极管的反射光被光电三极管接收，产生电信号。当物体远离交点时，反射区不在光电三极管的视角内，检测电路没有输出。一般情况下，给到发光二极管的驱动电流并不是直流电流，而是一定频率的交变电流，这样，接收电路得到的也是同频率的交变信号。如果对接收来的信号进行滤波，只允许同频率的信号通过，可以有效防止其他杂光的干扰，并提高发光二极管的发光强度。

接近传感器具有使用寿命长、工作可靠、重复定位精度高、无机械磨损、无火花、无噪声、抗振能力强等特点，在自动控制系统中可作为限位、计数、定位控制和自动保护环节，被广泛地应用于机床、冶金、化工、轻纺和印刷等行业。

2. 位移传感器

位移传感器是一种将物体的运动位移转换为可测量电学量的装置，如图 1–5 所示，通常用于将不便于定量检测和处理的位移、位置、振动、变形、尺寸等物理量转换为便于定量检测和信息传输处理的电学量。

根据被测变量的不同变换形式，位移传感器可分为模拟型和数字型。模拟型又主要分为物性型和结构型两种。常用的位移传感器大多为模拟式结构型，包括电容位移

传感器、涡流位移传感器、电位器位移传感器、电感位移传感器、同步器、霍尔位移传感器。与模拟型位移传感器相比，数字型位移传感器最突出的优点是方便将信号直接发送到计算机系统内部。数字型传感器发展迅速，应用越来越广泛。

3. 振动传感器

振动传感器是感受机械运动振动的参量（如振动速度、频率、加速度等）并转换成可用输出信号的传感器，如图 1-6 所示。由于振动传感器也是一种机电转换装置，所以有时也称为换能器、拾振器等。它的作用主要是将机械量接收下来，并转换为与之成比例的电量。但振动传感器并不是直接将原始要测的机械量转变为电量，而是将原始要测的机械量作为振动传感器的输入量，然后由机械接收部分加以接收，形成另一个适合于变换的机械量，最后由机电转换部分再将机械量转换为电量。

图 1–5 位移传感器

图 1–6 振动传感器

按照工作原理，振动传感器的分类较多。按照机械接收原理可分为相对式、惯性式，按照机电变换原理可分为电动式、电涡流式、电感式、电容式、压电式、电阻式、光电式，按照所测机械量可分为位移传感器、速度传感器、加速度传感器、力传感器、应变传感器、扭振传感器、扭矩传感器。下面介绍几种常用振动传感器的工作原理和应用。

（1）电涡流式振动传感器。电涡流式振动传感器是基于涡流效应原理的振动式传感器，它属于非接触式传感器。电涡流式振动传感器通过传感器的端部和被测对象之间间隔上的变化来测量物体振动参数。电涡流式振动传感器主要用于振动位移的测量。

（2）电感式振动传感器。电感式振动传感器是根据电磁感应原理设计的一种振动传感器。电感式振动传感器设置有磁铁和导磁体，对物体进行振动测量时，能将机械振动参数转化为电参量信号。电感式振动传感器能应用于振动速度、加速度等参数的测量。

（3）电容式振动传感器。电容式振动传感器是通过间隙或公共面积的改动来实现可变电容，再对电容量进行测定然后得到机械振动参数的。电容式振动传感器可分为可变间隙式和可变公共面积式两种，前者能够用来测量直线振动位移，后者可用于改变振动的角位移测定。

（4）压电式振动传感器。压电式振动传感器是应用晶体的压电效应来完成振动测量的，当被测物体的振动对压电式振动传感器构成压力后，晶体元件就会产生相应的电荷，电荷数即可换算为振动参数。压电式振动传感器还可分为压电式加速度传感器、压电式力传感器和阻抗头等。

振动传感器具有成本低、灵敏度高、工作稳定可靠、振动检测可调节范围大等优点。振动传感器可用于机械中的振动和位移、转子与机壳的热膨胀量的长期监测，生产线的在线自动检测和自动控制等。振动传感器可广泛应用于能源、化工、医学、汽车、冶金、机器制造等诸多领域。

4. 温度传感器

在工业生产中，温度是测量频度最高的物理参数，并且可采用各种各样的传感器来进行测量。温度传感器是指能够感应温度并将其转换为可用输出信号的传感器，是温度测量仪表的核心部件，种类繁多。温度传感器按测量方式可分为接触式和非接触式，根据传感器材料和电子元件的特性可分为热电阻和热电偶。金属在环境温度变化后会产生相应延伸，因此传感器能够以不同的方式转换这种反应的信号。

（1）热电阻温度传感器。热电阻温度传感器是利用金属导体的电阻值随温度变化的特性，对温度和温度有关的参数进行检测的装置，如图 1–7 所示。一般把金属热电阻称为热电阻，而把半导体电阻称为热敏电阻。其主要特点是测量精度高、性能稳定。热电阻大多是由纯金属材料制成，目前应用最多的是铂和铜。热电阻传感器不仅广泛应用于工业测温，而且被制成标准的基准仪。在工业中使用的标准热电阻的结构主要

有普通型装配式和柔性安装型铠装式。

（2）热电偶温度传感器。热电偶由两端焊接在一起的不同材料的两根金属导线组成，如图 1–8 所示。测量未加热部分的环境温度，即可准确知晓加热点的温度。因为它必须有两个不同材料的导体，因此被称为热电偶。热电偶具有结构简单、使用方便、精度高、热惯性小、测温范围宽、测温上限高、可测量局部温度和便于远程传送等优点，且输出信号易于传输和变换，可用来测量一个点的温度，也可以测量液体或固体表面的温度。热电偶的热容量较小，可用于动态温度的测量。热电偶温度传感器多用于工业恒温控制，如烘炉、烘箱、高低温实验室等。

温度传感器是工业互联网中应用最广泛的传感器之一，用于机械、冶金、能源等行业。

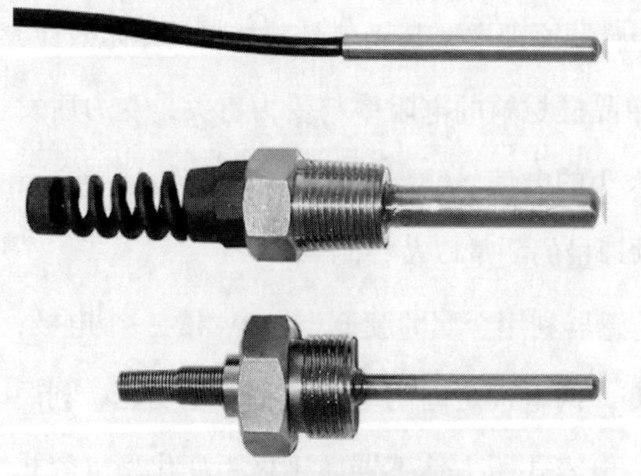

图 1–7　热电阻温度传感器

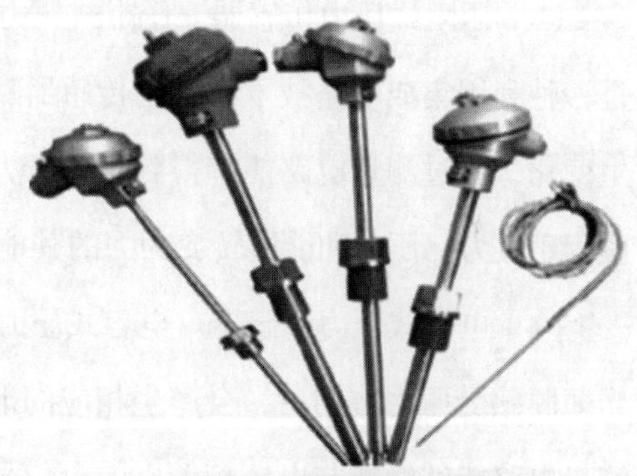

图 1–8　热电偶温度传感器

5. 压力传感器

压力传感器能够感知被测的物理信息，作为一种检测装置它能够将测得的信息按一定规律转换成各类形式的信息输出，以实现信息传输、处理、存储、显示、记录和控制等功能，如图 1–9 所示。压力传感器也是实现自动检测与控制的一个重要环节。

根据工作原理，压力传感器分为应变式压力传感器、压电式压力传感器、压阻式压力传感器、电容式压力传感器等类型。

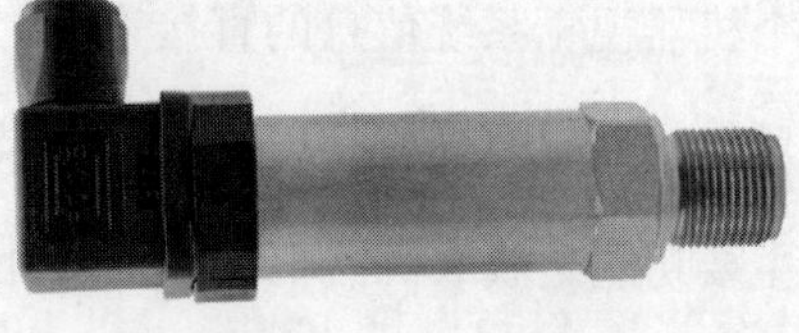

图 1–9　压力传感器

（1）应变式压力传感器。应变式压力传感器是能够利用弹性敏感元件将待测压力的大小转换为与之对应的电阻值变化的压力传感器。作为一种传感装置，应变式压力传感器按弹性敏感元件结构的不同，能够分为应膜片式、应变梁式、变管式以及组合式。应变式压力传感器一般用于测量较大压力的情况，例如发动机内部的脉动压力、管道内部压力、内燃机燃气的压力以及流体压力等。在压力传感器中，应变式压力传感器应用得最多。

（2）压电式压力传感器。压电式压力传感器主要利用压电效应的原理，具有自发电和机电转换功能，它的敏感元件一般为压电材料。压电材料在受到力的作用后表面会形成电荷，在电荷放大器等作用下，能够产生与外力成正比的电量输出。压电式压力传感器除了用来测量力的大小之外，还经常用于测量能转换为电的其他物理量。压电式压力传感器的优点是灵敏度高、结构简单、性能可靠和重量较小等。

（3）压阻式压力传感器。压阻式压力传感器原理主要基于单晶硅材料的压阻效应，是一种利用集成电路技术制成的传感器。单晶硅材料的电阻率与受力有关，受力后发生变化，通过测量电路能够得到正比于力大小的电信号输出。压阻式压力传感器主要应用于拉力、压力和能够转变为力的其他物理量的测量以及控制。

（4）电容式压力传感器。电容式压力传感器利用金属薄膜充当电容器的一个电极，当薄膜感受压力作用后，会产生相应的形变，两电极之间的电容量将发生变化，利用测量电路能够输出与电压相关联的电信号。电容式压力传感器属于极距变化型电容式传感器，主要有单电容式压力传感器以及差动电容式压力传感器两种类型。

6. 视觉传感器

视觉传感器是指通过对摄像机拍摄到的图像进行图像处理，来计算对象物的特征量（如面积、重心、长度、位置等），并输出数据和判断结果的传感器，如图 1–10 所示。视觉传感器是整个机器视觉系统信息的直接来源，主要由一个或者两个图形传感器组成，有时还要配以光投射器及其他辅助设备。视觉传感器的主要功能是获取机器视觉系统要处理的最原始图像。

图 1–10　视觉传感器

视觉传感器技术包括三维视觉传感技术和智能视觉传感

技术。

（1）三维视觉传感技术。三维图像信息的获取都是基于某种图像传感器获取、量化图像信息，这些图像传感器有的直接获取可见光的图像，有的间接通过监测辐射、红外线、X 射线或者超声波来获取图像信息。三维视觉传感器具有广泛的用途，如汽车安全系统、生物医学像素分析、人机界面、虚拟现实等，它们均是基于三维视觉图像传感技术的新发展。

（2）智能视觉传感技术。智能视觉传感技术是一种高度集成化、智能化的嵌入式视觉传感技术，它取代了 PC 平台的视觉系统。智能视觉传感技术将视觉传感器、数字处理器、通信模块及其他外围设备进行集成，成为一个能独立完成图像采集、分析处理、信息传输一体化的智能视觉传感器。智能视觉传感技术下的智能视觉传感器也称智能相机，是近年来机器视觉领域发展最快的一项新技术。目前智能视觉传感器广泛应用于工业检测中，用于实现智能制造自动化。

视觉传感器的图像采集单元主要由 CCD/CMOS 相机、光学系统、照明系统和图像采集卡组成，用于将光学影像转换成数字图像，传递给图像处理单元。通常使用的图像传感器主要有 CCD 图像传感器和 CMOS 图像传感器两种。

视觉传感器具有成本低廉、使用简单的优点，解决了其他传感器因场地大小限制或检测设备庞大而无法操作的问题，因而应用领域十分广泛。视觉传感器的应用领域包括：①识别。如标准条码、二维码的解码，光学字符识别和确认等。②检测。如色彩和瑕疵检测、零件或部件的有无检测、目标位置和方向检测测量、尺寸和容量检测等。

7. MEMS 传感器（微机电系统）

微机电系统（MEMS）是指外形尺寸在毫米级以下，机械部件和半导体元件尺寸在微米到纳米级之间，能够感知、识别、控制和处理声、光、热、磁、压力和运动等自然信息的微机电装置，如图 1–11 所示。微机电系统是微加工技术的结合，采用了各种微加工制造技术，如光刻、铸造成形和精密机械加工。

图 1–11　MEMS 传感器

MEMS 传感器是利用微电子和微机械技术制造的

一种新型传感器。与传统传感器相比，MEMS 传感器具有成本低、功耗低、体积小、适合批量生产、重量小、可靠性高、易于集成和智能化等特点。

MEMS 传感器是由微传感器、微执行器、信号处理与控制电路、通信接口和电源组成的集成微器件系统。其目标是将信息的采集、处理和执行集成到一个多功能的微系统中，再集成到一个大型系统中，从而大大提高自动化、智能化和可靠性水平。MEMS 集成了包括材料、制造、电子、机械、控制、物理、化学和生物等在内的多学科技术，各种材料的特性和加工方法广泛应用于微米或纳米尺度。

在 MEMS 工业自动化传感器中，两种主要的传感器是加速度传感器和运动传感器。

（1）加速度传感器。微机电系统加速度传感器是常用的惯性传感器之一。它还具有动态传感器能力和更广泛的传感能力。

（2）运动传感器。微机电系统（MEMS）运动传感器采用在运动交互平台上设计的数据处理算法。该平台将许多低成本的 MEMS 运动传感器与 ZigBee 无线技术进行集成，在使用机器时可以进行个性化交互。传感器信号处理系统主要解决噪声消除、信号平滑、重力影响分区、坐标系转换和位置信息恢复等问题。运动传感器广泛应用于汽车行业的 ABS 技术中。

（二）工业传感器安装

工业传感器主要安装在产线及工业设备上。下面以产线上安装的接近传感器和工业设备上安装的振动传感器为例，简要介绍工业传感器的安装步骤。

1. 接近传感器安装

以电感式接近传感器为例，接近传感器安装包括本体安装、电源接线和信号线接线三个步骤。

（1）本体安装。在产线上的需要检测原材料或产品到达某个指定位置，用机械结构将接近传感器进行固定。

（2）电源接线。从电源正负两极引出两根供电线缆，分别与电感式接近传感器的正负两根电源线缆连接。

（3）信号线接线。根据控制系统设计，将电感式接近传感器的信号线与 PLC 的数

字量输入模块的指定端子连接。

2. 振动传感器安装

以供电、信号一体的二线制振动传感器为例，振动传感器安装包括本体安装和接线两个步骤。

（1）本体安装。振动传感器主要安装在各种旋转机械装置的轴承盖上（如汽轮机、压缩机、风机和泵等），泵房机组设备中振动传感器一般安装在机组外壁上。

（2）接线。二线制是两根导线供电的同时传输直流 4 ~ 20 mA 标准信号，其工作电源和信号共用一根导线，工作电源由接收端提供。

当需要将工业设备振动数据通过工业网关传输到工业互联网平台进行分析时，将振动传感器的正负极两根线缆分别接到工业网关模拟量输入的 AI+ 与 AI- 两个端子上。

三、工业仪表

（一）检测仪表概念

过程控制通常是对生产过程中的温度、压力、流量、液位等工艺参数进行控制，使其保持稳定，以确保产品质量和生产安全，并使生产过程按最优化目标自动进行。要实现过程参数的有效控制，首先要使用检测仪表对其进行检测。检测仪表是过程控制系统的重要组成部分，系统的控制精度首先取决于仪表的检测精度。检测仪表的基本特性和各项性能指标又是衡量检测精度的基本要素。

（二）过程参数的检测与变送

过程参数检测仪表通常由传感器和变送器组成。在单元组合式自动化仪表中，变送器是变送单元的主要组成部分。在过程控制系统中，变送器常常和传感器组合在一起，共同完成对温度、压力（或压差）、液位、流量等被控参数的检测并转换为统一标准的输出信号。该标准输出信号一方面被送往显示记录仪表进行显示记录，另一方面则送往控制器实现对被控参数的控制。目前广泛使用的直流 4 ~ 20 mA 模拟电流信号与直流 1 ~ 5 V 模拟电压信号已成为电动单元组合仪表的国际标准。同时，由于计算机网络与通信技术的迅速发展，数字通信被延伸到现场，传统的模拟信号的通信方式将逐步被双向数字式的通信方式所取代。

（三）温度检测仪表

温度是表征物体冷热程度的物理量，也是工业生产过程中最常见、最基本的参数之一。许多化学反应和物理变化与温度有关，大多数生产过程是在一定温度范围内进行的。因此温度的测量与控制是生产过程自动化的重要任务之一。

从感受温度的途径来分，测量温度的方法有两大类。一类是接触式的，即通过测温元件与被测物体的接触而感知物体的温度，如图 1–12 所示。另一类是非接触的，即通过接收被测物体发出的辐射热来判断温度。

图 1–12　接触式温度检测仪表

目前常见的接触式测温仪表有如下几种：

1. 膨胀式温度计

利用固体或液体热胀冷缩的特性测量温度。例如，常见的体温表便是液体膨胀式温度计；利用固体膨胀的，有根据热胀冷缩而使长度变化做成的杆式温度计和利用双金属片受热产生弯曲变形的双金属温度计。

2. 压力式温度计

压力式温度计是根据密封在固定容器内的液体或气体，当温度发生变化时压力相应发生变化的特性，将温度的测量转化为压力的测量。压力式温度计主要由两部分组成：一是温包，由盛液体或气体的感温固定容器构成；二是反映压力变化的弹性元件。

3. 热电偶温度计

根据热电效应，将两种不同的导体接触并构成回路时，若两个接点温度不同，回路中便会出现毫伏级的热电动势，该电动势可准确反映温度。

4. 电阻式温度计

利用金属或半导体的电阻随温度变化的特性，将温度的测量转化为对电阻的测量。测量低于 150 ℃的温度时，由于热电偶的电动势较小，常使用金属电阻感温元件（简称热电阻）测量温度。热电阻不像热电偶那样需要冷端温度补偿，测量精度也比较高，在 –200 ~ 500 ℃的温度范围内获得广泛的应用。

热电阻测温仪表是根据金属导体的电阻随温度变化的特性进行测温的。例如，铜

的电阻温度系数为 $4.28\times10^{-3}/℃$，当温度由 0 ℃上升到 100 ℃时，铜电阻的阻值约增大 42.8%。因此对确定的电阻，只要精确地测定其阻值的变化，便可知晓温度的高低。

非接触式测温仪表是根据物体发出的热辐射测量物体温度。常见的有根据物体在高温时的发光亮度测定温度的光学高温计，以及将热辐射能量聚焦于感温元件上，再根据全频段辐射能的强弱测定温度的全辐射温度计。

非接触测温方法的优点是测量上限不受感温元件耐热程度的限制，因此最高可测温度原则上不存在限制。事实上，对 1 800 ℃以上的高温，辐射温度计是目前唯一可用的测温仪表，近年来红外线测温技术的发展，使辐射测温方法由可见光向红外线扩展，对 700 ℃以下不发射可见光的物体也能应用，使非接触测温下限向常温扩展，可用于低至 0 ℃左右的温度测量。由于非接触测温仪表不需要与被测物体进行传导热交换，因此不会改变原来的温度场，而且测温速度快，可对运动物体进行测量。其缺点是对不同物体进行测量时，由于各种物体的辐射能力不同，必须根据物体不同的吸收系数对读数进行修正，一般误差较大。

综观各种测温仪表，机械式的大多只能做就地指示，辐射式的精度较差，只有转化为电信号的测温仪表精度较高，信号又便于远传和处理。因此热电偶与电阻式两种测温仪表得到了最广泛的应用。

（四）压力检测仪表

压力是生产过程控制中的重要参数。许多生产过程（特别是化工、炼油等生产过程）是在一定的压力条件下进行的。例如，高压容器的压力不能超过规定值；某些减压装置要求在低于大气压的状态下运行；在某些生产过程中，压力大小直接影响产品的产量与质量。此外，压力检测的意义还在于，其他过程参数如温度、流量、液位等，往往要通过压力来间接测量。所以压力检测在生产过程自动化中具有特殊的地位。

由于工业上需要测量的压力范围很宽，测量条件和精度要求也各不相同，因此测压仪表的种类很多，如图 1–13 所示为某一型号的压力检测仪表。有些测压仪表如液柱式、浮标式差压计等虽然是常见

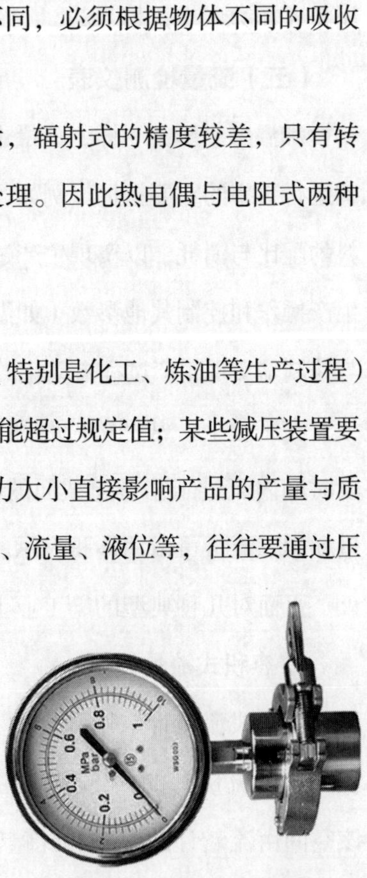

图 1–13　压力检测仪表

的，但有的只适于作就地指示，有的以水银为工作液，造成环境污染，正在被淘汰。下面介绍几种应用最多的弹性式测压元件及其变送器。

利用弹性元件受压产生变形可以测量压力。由于其产生的位移或力较易转化为电量，且构造简单，价格便宜，测压范围宽，被测压力低至几帕、高达数百兆帕都可使用，测量精度也比较高，故在目前测压仪表中占有统治地位。工业上最常用的弹性测压元件有弹簧管、波纹管及膜片三类。

弹簧管是一种常用的弹性测压元件。它是一种弯成圆弧形的空心管子，管子的横截面是椭圆形的。当从固定的一端通入被测压力时，由于椭圆形截面在压力的作用下趋向圆形，使弧形弯管产生伸直的变形，其自由端产生向外的位移。此位移虽然是一个曲线运动，但在位移量不大时，可近似认为是直线运动，且位移大小与压力成正比。

针对弹性式测压元件，常用的变送器包括力平衡式压力（压差）变送器、位移式压差（压力）变送器。

（五）流量检测仪表

和温度、压力一样，流量也是过程控制中的重要参数。它是判断生产状况、衡量设备运行效率的重要指标。例如，在许多工业生产中，一方面用测量和控制流量来确定物料的配比与消耗，以实现生产过程自动化和最优控制；另一方面，还需将介质流量作为生产操作和控制其他参数（如温度、压力、液位等）的重要依据。所以，对流量的测量与控制是实现生产过程自动化的一项重要任务。如图 1–14 所示为一种流量检测仪表。

在工程上，常把单位时间内流过工艺管道截面的流体数量称为瞬时流量，把某一段时间内流过工艺管道截面的流体总量称为累积流量。瞬时流量和累积流量可以用体积表示，也可以用重量或质量表示。

下面对几种典型的、工业上常用的流量检测仪表进行介绍。

1. 容积式流量计

容积式流量计采用固定的小容积来反复计量通过的流体体积。这类流量计的内部都存在一个标准体积的“计量空间”，该空间由流量计的内壁和计量转动部分共同构成。它的工作原理是：当流体通过“计量空间”时，在它的进出口之间将产生

图 1–14　流量检测仪表

一定的压力差，其转动部分在此压力差作用下产生旋转，并将流体由入口排向出口。在这个过程中，流体一次次地充满“计量空间”，又一次次地被送往出口。对已定的流量计而言，该“计量空间”的体积是确定的，只要测得转子的转动次数，就可以得到被测流体体积的累积值。容积式流量计的种类很多，其中椭圆齿轮流量计是工业上应用最为广泛的容积式流量计之一。

2. 速度式流量计

速度式流量计的典型代表有节流式流量计和涡街流量计，下面分别介绍。

（1）节流式流量计。节流式流量计也称差压式流量计，它的工业应用最为成熟也最为广泛。其中一个重要原因是它简单、可靠，并且可以直接与差压变送器配合使用产生直流 4 ~ 20 mA 的标准电流信号，而无须再另外设计变送器。差压式流量计工作原理是基于伯努利方程和连续性原理，即当流体流过管道中的节流元件时会使流速产生变化，进而使节流元件前后的差压也产生相应变化，只要测得差压便可获得被测流量。差压式流量计既可直接测量体积流量，也可间接测量质量流量。

差压式流量计所采用的节流元件主要有标准孔板、喷嘴挡板和文丘里管等，其中以标准孔板应用居多。孔板是装在流体管道内的板状节流元件，中央处有小于管道截面积的圆孔。当稳定流动的流体流过时，在孔板前后将产生压力和速度的变化；当孔板的形状一定、测压点位置也一定时，差压与流量存在定量关系。

（2）涡街流量计。实验表明，当管道中的流体遇到横置的、满足一定条件的柱状障碍物时，会产生有规律的周期性漩涡序列，漩涡序列平行排成两行，如同街道两旁的路灯，俗称“涡街”。

理论研究与实验表明，在一定条件下被测流体的流量与漩涡出现的频率存在定量关系，只要测出涡街的频率即可求得流量，这便是涡街流量计的工作原理。

（六）液位监测仪表

液位在生产中也是一个重要的参数，例如，蒸汽锅炉运行时，必须保证汽包水位有一定的高度。如图 1-15 所示为某液位检测仪表。化工反应塔内，常需保持一定

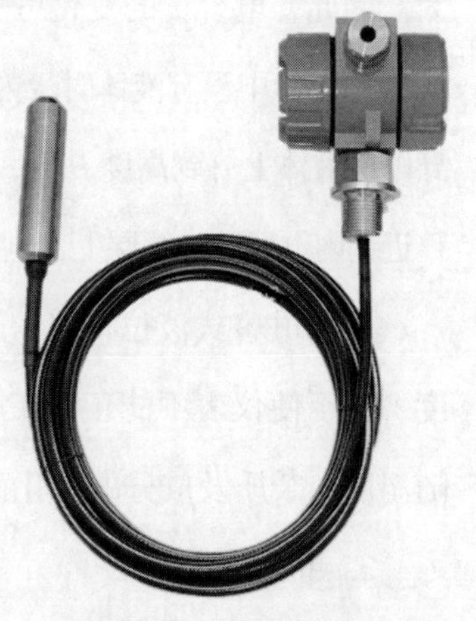

图 1-15　液位检测仪表

的液位以取得较高的生产率。此外，生产中常需测量油罐等容器内的液面高度以计算产品产量和原料消耗，作为经济核算的依据。

1. 浮力式液位计和静压式液位计

浮力式液位计是应用最早的一类液位测量仪表，由于结构简单、价格便宜，至今仍有广泛的应用。这类仪表在工作中可分为两种情况：一种是测量过程中浮力维持不变的，如浮标、浮球等液面计，工作时，浮标漂浮在液面上随液位高低变化，通过杠杆或钢丝绳等将浮标位移传递出来，再经电位器、数码盘等转换为模拟或数字信号；另一种是测量过程中浮力变化的，根据浮筒在液体内浸没的程度不同、所受的浮力不同来测定液位的高低。

利用液体静压测量液位也是一种常见的方法。在敞口容器中，储液底部压力与容器内的液面高度成正比，故可用压力测量仪表在底部测量压力来间接测定液位高低，再使用压力变送器将液位转换为电信号。当压力变送器与容器底面不在同一水平面上时，可使用变送器内的零点迁移装置，减去一段相应的液位。

在带有压力的密封容器内，由于底部压力不仅与液面高度有关，还与液面上的气压有关。这时，可用测量差压的方法消除液面上压力的影响。

2. 电容式液位计

在电容器的极板间填充不同的介质时，由于介电系数的差别，电容量也会不同。例如，以液体代替空气作为介质时，由于液体的介电系数比空气大得多，电容量将变大。因此，电容量的变化可反映液面的高低。

当容器中没有液体时，内外电极之间的介质是空气和棒上的绝缘层，电容量很小。当导电的液体上升到高度 H 时，其充液部分由于液体的导电作用，相当于将外电极由容器壁移近到内电极的绝缘层上，电容量大大增加。此时电容量的大小与液面高度呈线性关系。

使用电容式液位计时，对黏稠的液体应注意其在电极上的黏附，以免影响仪表精度，甚至使仪表不能正常工作；在测量非导电液体的液位时，应考虑液体的介电系数随温度、杂质及成分的变化而产生的测量误差。

3. 超声波液位计

利用超声波在液体中传播时有较好的方向性，且传播过程中能量损失较少，遇到分界面时能反射的特性，可用回声测距的原理，测定超声波从发射到液面反射回来的时间，以确定液面的高度。

这种测量方法的优点是检测元件可以不与被测液体接触，因而特别适合强腐蚀性、高压、有毒、高黏度液体的测量。由于没有机械可动部件，使用寿命很长，但被测液体中不能有气泡和悬浮物，液面不能有很大的波动，否则反射的超声波将很混乱，导致误差产生。此外，换能器不宜用于高温液位的测量。

这种仪表的测量精度主要受声速变化的影响。常温下空气中的声速在温度每升高 1 ℃时增加 0.18%；在水中，温度每变化 1 ℃，声速变化 0.3%。所以要用超声波精确测量液位时，必须采取措施消除声速变化产生的影响。

第三节　工业控制系统

考核知识点及能力要求：

- 了解工业控制器、集散控制系统知识；
- 能够识别工业控制器的物理通信接口；
- 能够根据网络集成设计方案安装工业控制器。

一、可编程序控制器

（一）可编程序控制器的定义

可编程序控制器（Programmable Controllers，PLC）在发展初期，主要用来取代继电器－接触器控制系统，即用于开关量的逻辑控制系统。后来，随着微电子技术和计算机技术的进步，可编程序控制器发展成以微处理器为基础，结合计算机技术、自动控制技术和通信技术的高度集成化的新型工业控制装置。

为使这一新型工业控制装置的生产和发展规范化，国际电工委员会（IEC）制定了 PLC 的标准。PLC 的定义为：可编程序控制器是一种数字运算操作的电子系统，专为在工业环境下应用而设计。它采用可编程的存储器，用来在其内部存储执行逻辑运算、顺序控制、定时、计数和算术运算等操作指令，并通过数字式和模拟式的输入和输出，控制各种类型的机械或生产过程。

PLC 从产生到现在，由于编程简单、可靠性高、使用方便、维护容易等优点，在机械、汽车、冶金、石油、化工、纺织、轻工、电力等行业得到了广泛的应用。从单机自动化到生产线的自动化、柔性制造系统，乃至整个工厂的生产自动化，PLC 均扮演着重要的角色。

（二）可编程序控制器的基本功能

PLC 在现场的输入信号作用下，按照预先输入的程序，控制现场的执行机构进行动作。其基本功能主要包括以下几个方面。

1. 开关量的逻辑控制

逻辑控制功能是 PLC 的最基本功能之一，用来取代继电器 – 接触器控制系统，实现逻辑控制和顺序控制。PLC 根据传感器、开关、按钮等的状态，按照指定的逻辑进行运算处理后，控制机械运动部件进行相应的操作。

2. 定时控制

PLC 中有许多供用户使用的定时器，并设置了计时指令。定时器的设定值可以在编程时设定，也可以在运行过程中根据需要进行修改。同时，PLC 还提供了高精度的时钟脉冲，用于实时控制。

3. 计数控制

PLC 为用户提供了许多计数器。计数器计数到某一数值时，产生一个状态信号，利用该状态信号可以实现对某个操作的计数控制。计数器的设定值可以在编程时设定，也可以在运行过程中根据需要进行修改。

4. 步进控制

PLC 为用户提供了若干个移位寄存器，用位移寄存器完成步进控制功能。在一道工序完成以后，在转步条件控制下自动进行下一道工序。

5. 数据处理

PLC 数据处理功能，可以实现算术运算、逻辑运算、数据比较、数据移位、数值转换等操作。

6. 通信

PLC 采用通信技术，可以实现多台 PLC 之间、PLC 与现场人机交互设备 HMI 之间、PLC 与工控机之间的通信。

（三）可编程序控制器的结构组成

PLC 是一种以微处理器为核心，综合计算机技术、半导体存储技术和自动控制技术的工业控制专用计算机，其结构包括中央处理单元（CPU）、存储器、输入 / 输出（I/O）部件、电源部件、通信接口和 I/O 扩展接口等，如图 1–16 所示。

下面分别简单介绍 PLC 的各个组成部分。

1. 中央处理单元（CPU）

CPU 是 PLC 的核心，通过输入模块接收传感器、开关等信号，运行用户程序，将计算结果通过输出模块输出到执行机构，同时执行系统自诊断程序以及与其他 PLC、HMI 等外部设备的通信。

2. 存储器

存储器是 PLC 存放系统程序、用户程序和运行数据的单元，包括只读存储器（ROM）、随机存取存储器（RAM）、可编程只读存储器（PROM）、可擦写可编程只读存储器（EPROM）、电可擦写可编程只读存储器（EEPROM）。只读存储器（ROM）在使用过程中只能读取不能存储，而随机存取存储器（RAM）在使用过程中能随时读取和存储。

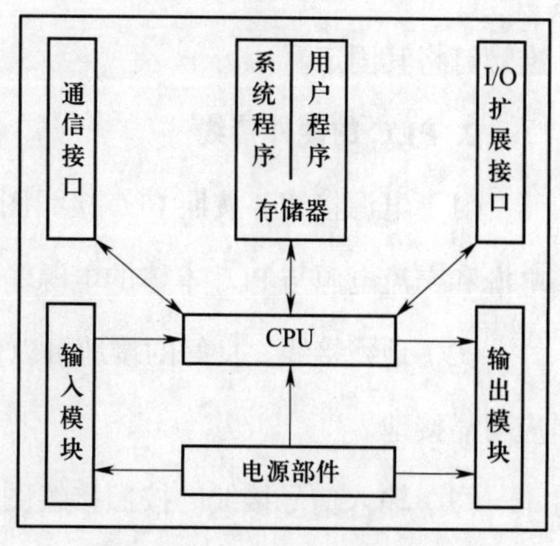

图 1–16　PLC 的结构组成

3. 输入 / 输出（I/O）模块

输入 / 输出模块是 CPU 与现场传感器、执行机构等的信号连接部件，主要包括数字量输入模块、数字量输出模块、模拟量输入模块和模拟量输出模块。

4. 电源部件

PLC 的外部工作电源一般为直流 24 V 或交流 220 V。

5. 通信接口

PLC 通过 RJ–45 等通信接口与 HMI、工控机、其他 PLC 等进行通信，完成现场自动化控制任务，同时通过通信接口，PLC 中生产数据被采集到信息系统，实现对生产的管控。

6. 输入 / 输出（I/O）扩展接口

当一个控制系统中的 PLC 的输入 / 输出点数不够用时，可通过 I/O 扩展接口集成输入 / 输出模块。

（四）可编程序控制器的安装

PLC 的安装包括 PLC 本体安装和硬件接线两个步骤。

1. PLC 的本体安装

PLC 的本体安装一般有两种方法。

（1）DIN 导轨安装。先将 DIN 导轨固定在控制柜中，然后将 PLC 卡紧在 DIN 导轨指定位置上，最后在 PLC 左右两侧放好夹板，用螺钉将夹板拧紧。

（2）螺钉直接安装。根据 PLC 在控制柜中的位置，按 PLC 安装孔尺寸用配套的标准螺钉将其固定。

2. PLC 的硬件接线

（1）电源接线。按照 PLC 接线图的电源端子符号指示，用符合规格的线缆将直流电源和交流电源与 PLC 本体的电源输入端子连接。

（2）地线接线。良好的接地可以保证 PLC 可靠工作。PLC 本体上有一个接地端子，应可靠接地。

（3）输入信号接线。按照接线图，将各类接近传感器、开关等接入到数字量输入模块，将温度等传感器接入到模拟量输入模块。

（4）输出信号接线。PLC 有继电器输出、晶闸管输出和晶体管输出三种形式。按照接线图，将电磁阀等执行机构接入到数字量输出模块，将阀门定位器等接入到模拟量输出模块。

二、集散控制系统

（一）集散控制系统的定义

集散控制系统（DCS）是以微型计算机为基础，将分散型控制装置、通信系统、集中操作与信息管理系统综合在一起的过程控制系统。DCS 系统已在化工、石化、电力、冶金等行业广泛应用。

美国仪表协会 ISA-S5.1《仪表符号和标志》对 DCS 的定义是：一种仪表系统（输入 / 输出设备、控制设备和操作员接口设备），该系统除能够执行已确定的控制功能外，也允许通过通信总线从一个或多个用户指定的地点接收和发送控制、测量和操作信息。

我国化工行业标准《化工装置仪表集散控制系统组态通用技术要求》中 DCS 的定义为：以微处理器为基础对生产过程进行集中监视、操作、管理和分散控制的集中分散控制系统。

（二）集散控制系统的构成

一个基本的 DCS 由现场控制站、操作员站、工程师站和通信网络四个部分构成。DCS 的典型结构如图 1-17 所示。

现场控制站是 DCS 系统的重要组成部分，由过程控制单元、模拟量输入模块、模拟量输出模块、数字量输入模块、数字量输出模块、电源等构成。这些模块通常安装在机柜内，放置在工艺现场距离工业仪表和执行器较近的位置。过程控制单元是现场控制站的中央处理单元，也是 DCS 的核心控制计算单元。模拟量输入模块、数字量输入模块是 DCS 系统控制常用的数据采集设备，模拟量输出模块用于将数字量转换为模拟量输出，控制执行器动作，数字量输出模块用于输出闭合或断开指令。DCS 系统中主要电源设备是 AC-DC 转换设备。

操作员站的主要功能是操作、监视和管理各种生产设备。操作员站作为 DCS 的人

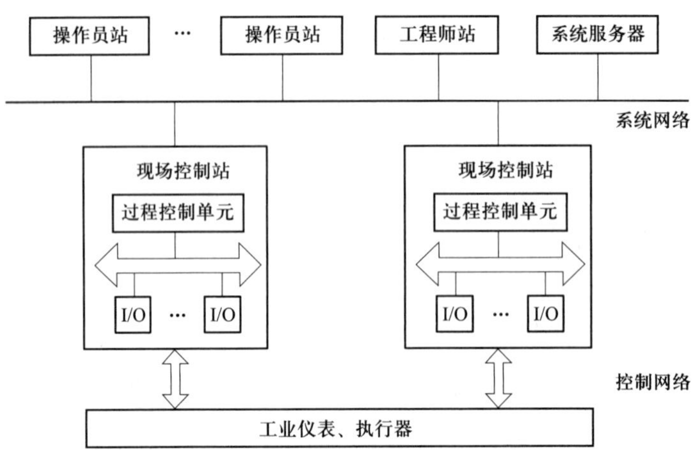

图 1–17　DCS 的典型结构

机界面，为用户提供各类操作和显示画面，一般有工艺流程图显示画面、报警信息画面、历史信息画面、系统信息画面等。通过操作员站可以及时了解现场运行状态、各种过程参数的当前值、是否出现异常工况等，并可以在控制回路的手动模式下对控制输出参数进行调节。

工程师站的主要功能是进行组态。现场控制站和操作员站的功能都是通过工程师站的组态生成的。操作员站是工艺操作人员的人机界面，工程师站是控制工程师的人机界面，操作员站的人机界面首先在工程师站生成，然后载入操作员站运行。

系统服务器一般可以用在以下方面。

（1）过程实时数据库，存储系统中需要长期保存的过程数据；

（2）向企业管理信息系统提供实时的过程数据；

（3）作为 DCS 系统向其他系统提供通信接口服务。

现代 DCS 系统采用的通信网络主要有控制网络和系统网络两种。控制网络通常指现场总线网络，主要用于将现场控制站的过程控制单元与 I/O 模块、总线型仪表等连接起来；系统网络用于将操作员站、工程师站、系统服务器与过程控制单元连接起来。

（三）集散控制系统的特点

DCS 的特点主要包括分散控制、集中管理、可靠性。

每个现场控制站对一个工艺段进行控制。在一个工厂中，多个现场控制站对生产

工艺进行分散控制。现场总线技术是对分散控制的进一步扩展，即将分散控制扩展到了现场级。此外在集散控制系统中，分散的含义不仅是分散控制，还包括人员分散、地域分散、功能分散、设备分散、操作分散等。

集中管理包括集中监视、集中操作等。通信网络把物理分散的设备进行互联，通过数据库实现全系统的信息集成，因此可以同时在多台操作员站上实现集中监视、集中操作。

DCS 采用了一系列冗余技术，如过程控制单元、通信网络、电源等均可冗余部署。采用热备份工作方式，自动检查故障，一旦出现故障立即自动切换，提高了 DCS 的可靠性与安全性。

第四节　工业网络设备

考核知识点及能力要求：

- 了解工业交换机知识；
- 能够根据网络集成设计方案，安装工业交换机、无线模块等网络设备。

一、工业以太网交换机

（一）工业以太网交换机的定义

国家标准 GB/T 30094—2013 将工业以太网交换机定义为用于工业现场环境，并满足特定工业应用对实时性、可信性、安全性等相关要求的以太网交换机，如图 1–18 所示。以太网交换机是具有多个符合 IEEE 802.3：2008 规范的以太网接口的网络互联设备。

图 1–18　工业以太网交换机

（二）工业以太网交换机的类型

按照功能，工业以太网交换机分为二层交换机和三层交换机。二层交换机工作于 GB/T 9387.1—1998 规定的开放系统互联基本参考模型的第 1 ~ 2 层，根据收到的数据包中的 MAC 地址和交换机内部维护的 MAC 地址表决定数据包的出口，并进行数据转发。三层交换机，即具有路由功能的以太网交换机，工作于开放系统互联基本参考模型的第 1 ~ 3 层，根据收到的数据包中的网络层地址和交换机内部维护的路由表决定输出端口以及下一跳的交换机地址或主机地址，并重写数据包头。

按照是否具有管理功能，工业以太网交换机分为管理型工业以太网交换机和非管理型工业以太网交换机。其中，管理型工业以太网交换机是具备管理功能和管理接口的工业以太网交换机。管理功能是指管理员与工业以太网交换机进行交互，监控其工作状态或对其参数进行配置。管理接口是指用于与管理终端进行交互，实现管理功能的接口，如串行接口和以太网接口。非管理型工业以太网交换机是指不具备管理功能和管理接口的工业以太网交换机，这类工业以太网交换机供电后可以直接使用，不需要配置。

（三）工业以太网交换机的安装

工业以太网交换机的安装包括本体硬件安装和电源接线两个步骤。

1. 工业以太网交换机本体硬件安装

工业以太网交换机本体硬件主要有两种安装方法。

（1）DIN 导轨安装。安装时，先将 DIN 导轨固定在控制柜中，然后将工业以太网交换机卡紧在导轨指定位置上。

（2）机架安装。先用螺钉将两个安装支架固定到工业以太网交换机的侧面，然后将工业以太网交换机放在所需位置，并拧紧其与机架之间的连接螺钉。

2. 工业以太网交换机电源接线

工业以太网交换机一般为直流 24 V 供电。将来自直流电源正负极的电缆分别接到工业以太网交换机的电源正负极端子。

二、工业无线局域网设备

（一）工业无线局域网设备概述

典型的工业无线局域网由接入点（AP）和客户端（Client）两类设备组成。

接入点提供客户端到局域网的桥接功能，一个接入点可以无线连接多个客户端，如图 1–19 所示。接入点通过有线接口与有线的局域网连接，各个客户端经由接入点实现与接入点所连接的有线局域网内的设备通信。客户端也可以经由接入点互相通信。接入点的安装位置通常是固定的。

图 1–19　工业无线局域网设备

在工业领域，常见的客户端是指安装在移动设备上，与接入点进行无线连接，将移动设备上的有线局域网转换到无线，从而实现与接入点所连接的各种有线设备进行通信。

由接入点和客户端构成的无线局域网最常用的架构在专用术语上称为基础架构模式，它是指以无线接入点作为中心协调点，所有客户端通过无线接入点进行数据交换。

（二）工业无线局域网设备安装

工业无线接入点与工业无线客户端设备的安装方法类似，安装内容包括本体硬件安装、天线安装和电源接线。

1. 工业无线局域网设备本体硬件安装

工业无线局域网设备本体硬件主要有两种安装方法。

（1）DIN 导轨安装。首先将设备放置到 DIN 导轨的上部边缘，然后沿 DIN 导轨按压设备，直至 DIN 导轨滑动锁扣锁定到位。

（2）墙式安装。根据工业无线局域网设备的安装孔位置，使用螺钉将设备固定到墙上。

2. 工业无线局域网设备天线安装

根据工业无线局域网的设计方案，将指定型号的天线安装在天线连接器上。

3. 工业无线局域网设备电源接线

工业无线局域网设备一般为直流 24 V 供电。将来自直流电源正负极的电缆分别接到工业无线局域网设备的电源正负极端子。

第五节　网络互联集成

考核知识点及能力要求：

- 能够根据网络集成设计方案，配置网络设备功能；
- 能够根据网络集成设计方案，实现工业生产数据采集网络互联集成；
- 能够使用通信调试工具、网络指令等手段，调试、测试工业设备数据采集网络的连通性。

一、典型工业网络架构

本小节以自动化生产车间网络为例，讲解工业网络互联集成方法。车间网络架构

示例如图 1-20 所示。图中，粗线条代表工业以太网线缆，细线条代表普通电缆。每个生产单元通过以太网交换机以星形结构将现场 HMI、PLC、带网络接口的执行器等设备连接，多个生产单元用工业以太网交换机构成环型冗余网络。在生产车间的多个位置安装无线接入点，安装有无线客户端的移动设备通过工业无线网络与无线接入点通信。生产数据通过冗余环网传输到控制中心进行集中监控。

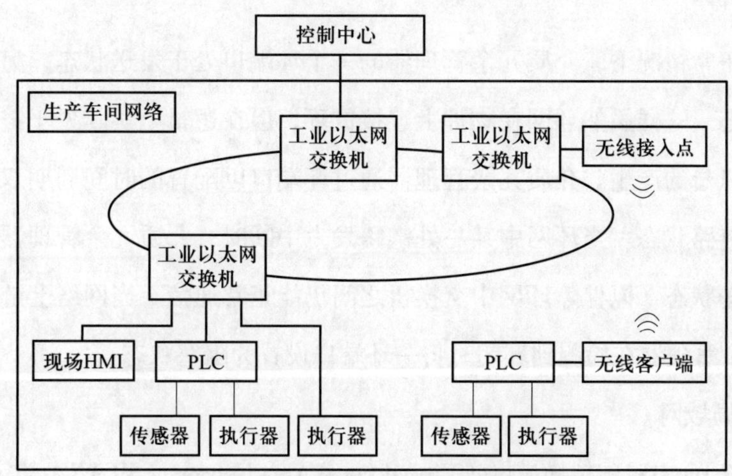

图 1-20　自动化生产车间网络架构示意图

二、网络设备常规功能配置

（一）工业交换机常用网络功能配置

在工厂车间网络中，工业交换机常用的网络功能包括环网冗余、虚拟局域网等。

1. 环网冗余

为了提高工业网络的可用性，当某一链路出现故障时能够自动切换到备用链路，在工业网络中常用工业交换机组成冗余环网。工业上应用的环网冗余协议包括介质冗余协议（Media Redundancy Protocol，MRP）、高速冗余协议（High Speed Redundancy Protocol，HRP）等。下面以介质冗余协议为例介绍环网冗余的工作机制和配置内容。

介质冗余协议是基于环型拓扑的网络恢复协议，采用冗余的方法提高网络的可用性。当环型网络中的一个交换机或环型网络中交换机间一个通信链路故障时，能够在一定的时间内确定性地恢复网络的功能，满足工业网络的可用性要求。

在使用通信线缆将多个支持介质冗余协议的工业以太网交换机互联成环网前，须在环中的所有交换机上启用“介质冗余协议”功能，其中将一台交换机配置为介质冗余管理器，其他交换机配置为介质冗余客户端，同时将环网中每台交换机的两个端口配置为环端口。

在环网正常情况下，介质冗余管理器的一个环端口处于发送状态，另一个环端口处于阻塞状态。这样虽然环网在物理上连接成环，但在逻辑上实际处于链状结构，可以避免广播风暴的产生。介质冗余管理器通过环端口以配置的时间周期双向发送监测帧监控网络链路状态。当环网中某一处链路发生中断时，介质冗余管理器的两个环端口均处于发送状态，以保障环网中交换机之间仍能正常通信。当网络上链路故障恢复时，介质冗余管理器在检测到环闭时将一环端口设置为阻塞状态。

2. 虚拟局域网

IEEE 802.1Q 中对虚拟局域网（Virtual Local Area Network，VLAN）的定义如下：

虚拟局域网 VLAN 是由一些局域网网段构成的与物理位置无关的逻辑组，而这些网段具有某些共同的需求。每一个 VLAN 的帧都有一个明确的标识符，指明发送这个帧的计算机属于哪一个 VLAN。

IEEE 802.3ac 标准定义了以太网的帧格式扩展，以便支持虚拟局域网。虚拟局域网协议允许在以太网的帧格式中插入一个 4 byte 的标识符，这个标识符称为 VLAN 标记，用来指明发送该帧的计算机属于哪一个虚拟局域网。

虚拟局域网限制了接收广播信息的设备数量，使得网络不会因传播过多的广播信息而引起性能下降。因此，在工业网络中应用虚拟局域网划分多个不同的逻辑网段，使得不需要进行数据交互的网段相互隔离。

VLAN 的划分方式主要包括基于端口的 VLAN 划分、基于 MAC 地址的 VLAN 划分等。根据工业网络设计方案，基于端口的 VLAN 划分方式是将工业交换机的指定端口分配到指定的 VLAN ID，基于 MAC 地址的 VLAN 划分是将网络终端设备的 MAC 地址分配到指定的 VLAN ID。

（二）工业无线局域网设备网络功能配置

1. 工业无线接入点设备配置

工业无线接入点设备主要配置内容如下。

（1）配置天线。天线分为全向天线与定向天线。根据工业网络设计要求为工业无线接入点配置具体天线型号。

（2）配置工作频段。工作频段可以选择 2.4 GHz 或 5 GHz。

（3）配置信道。2.4 GHz 工作频段有 13 个信道，1 ~ 13 信道均可选用。针对 5 GHz 工作频段，仅 149、153、157、161、165 共 5 个信道可以选用。

（4）设置服务集标识符 SSID。服务集标识符（Service Set Identifier，SSID）就是使用该工业无线接入点的无线局域网的名字。

2. 工业无线客户端设备配置

（1）配置天线。根据工业网络设计要求为工业无线客户端配置具体天线型号。

（2）配置工作频段。工作频段要与接入的工业无线接入点 AP 相同。

（3）配置信道。配置的信道要包括待接入的一个或多个工业无线接入点的信道。

（4）设置服务集标识符 SSID。配置的服务集标识符 SSID 要包括待接入的一个或多个工业无线接入点的服务集标识符 SSID。

三、工业网络终端设备网络设置

根据工业网络设计方案，配置生产车间中所有 PLC、现场 HMI、具备工业以太网通信功能的执行器等的 IP 地址，使得根据工业网络设计需求，需要相互通信的网络终端设备在同一个网段内。

四、工业网络设备与终端设备进行互联

根据车间网络工业网络设计要求，一般需要进行如下网络互联工作。

（1）用工业以太网线缆将各个工业以太网交换机指定的环端口互联，形成冗余环网；

（2）用工业以太网线缆将 PLC、现场 HMI 等工业网络终端设备与工业以太网交换机进行连接；

（3）用工业以太网线缆将工业无线接入点和客户端设备与工业以太网交换机进行连接；

（4）用工业以太网线缆将环网中的工业以太网交换机与控制中心进行连接。

五、网络功能调试

（一）网络连通性测试

ping 是使用频率非常高的命令，主要用于确定两台主机或设备之间网络的连通性。

命令格式：ping 目标设备的 IP 地址。

例如：生产车间中某一 PLC 的 IP 地址为 192.168.1.90，如果生产车间中的一台主机与该 PLC 在同一虚拟局域网内，那么该主机 ping 192.168.1.90 则应能够 ping 通，如果 ping 不通则说明主机或 PLC 的 IP 地址、子网掩码等设置有问题，或传输链路中的通信线缆或工业以太网交换机有故障。

（二）网络可用性测试

工业网络的可用性测试主要针对冗余环网。当冗余环网正常工作时，用冗余环网中与某一工业以太网交换机端口连接的主机 ping 冗余环网中与另一台工业以太网交换机端口连接的设备或主机，应能 ping 通；当从冗余环网中任一交换机的任一环端口拔掉通信线缆后，做同样的连通性测试，应能 ping 通；当该通信线缆接回到原环端口后，做同样的连通性测试，应能 ping 通。

思考题

1. 什么是现场总线？常用的现场总线有哪些，各有什么特点？
2. 什么是工业以太网？常用的工业以太网有哪些，各有什么特点？
3. 工业无线通信技术有哪些优势？
4. 5G 有哪些特点？

5. 工业通信介质有哪些分类？试进行简要说明。

6. 常用的串行接口、网络接口各有哪些？

7. 简要描述工业网络拓扑有哪些类型。

8. 常用工业传感器、工业仪表有哪些类型？

9. 简述可编程序控制器的基本功能。

第二章 工业设备与生产数据采集

数据是实现数字化、网络化、智能化的基础。工业互联网以数据为核心，通过感知控制、数字模型、决策优化三个层次，构成工业数字化应用闭环。数据采集是工业生产中最基本的条件。工业生产设备数据采集是利用各种通信手段接入不同设备、产品、传感器等，采集工业生产的设备数据，构建工业互联网平台的数据基础。通过了解工业数据类型知识、数据互通技术知识以及工业网关知识，能够在工业互联网平台上进行设备、数据等信息配置，实现工业传感器和工业控制器的数据采集，并对采集的工业设备数据进行准确性验证。

- **职业功能：**工业设备数据采集。
- **工作内容：**配置工业设备，并实现工业设备数据采集。
- **专业能力要求：**能根据工业设备数据采集设计方案，配置工业控制器中的变量；能根据工业设备数据采集设计方案，在工业互联网平台上进行设备、数据等的信息配置；能根据工业设备数据采集设计方案，配置智能工业网关功能，实现工业传感器和工业控制器的数据采集；能使用通信调试工具、网络指令，测试从工业智能网关到工业互联网平台网络连通性；能对采集的工业设备数据进行准确性验证。
- **相关知识要求：**工业数据类型知识；数据互通技术知识，包括MQTT 知识和 OPC UA 知识；工业网关知识。

第一节　工业数据采集的概念

考核知识点及能力要求：

- 了解工业数据知识；
- 了解工业数据采集概念。

一、工业数据分类与分级

（一）工业数据分类

工业数据是工业领域产品和服务全生命周期产生和应用的数据，包括但不限于工业企业在研发设计、生产制造、经营管理、运维服务等环节中生成和使用的数据，以及工业互联网平台企业（以下简称平台企业）在设备接入、平台运行、工业 App 应用等过程中生成和使用的数据。

工业企业工业数据分类维度包括但不限于研发数据域（研发设计数据、开发测试数据等）、生产数据域（控制信息、工况状态、工艺参数、系统日志等）、运维数据域（物流数据、产品售后服务数据等）、管理数据域（系统设备资产信息、客户与产品信息、产品供应链数据、业务统计数据等），以及外部数据域（与其他主体共享的数据等）。

平台企业工业数据分类维度包括但不限于平台运营数据域（物联采集数据、知识库模型库数据、研发数据等）和企业管理数据域（客户数据、业务合作数据、人事财务数据等）。

本章重点关注工业企业生产数据的采集。

（二）工业数据分级

根据不同类别工业数据遭篡改、破坏、泄露或非法利用后，可能对工业生产、经济效益等带来的潜在影响，将工业数据分为一级、二级、三级共三个级别。

潜在影响符合下列条件之一的数据为三级数据：

（1）易引发特别重大生产安全事故或突发环境事件，或造成直接经济损失特别巨大；

（2）对国民经济、行业发展、公众利益、社会秩序乃至国家安全造成严重影响。

潜在影响符合下列条件之一的数据为二级数据：

（1）易引发较大或重大生产安全事故或突发环境事件，给企业造成较大负面影响，或直接经济损失较大；

（2）引发的级联效应明显，影响范围涉及多个行业、区域或者行业内多个企业，或影响持续时间长，或可导致大量供应商、客户资源被非法获取或大量个人信息泄露；

（3）恢复工业数据或消除负面影响所需付出的代价较大。

潜在影响符合下列条件之一的数据为一级数据：

（1）对工业控制系统及设备、工业互联网平台等的正常生产运行影响较小；

（2）给企业造成负面影响较小，或直接经济损失较小；

（3）受影响的用户和企业数量较少、生产生活区域范围较小、持续时间较短；

（4）恢复工业数据或消除负面影响所需付出的代价较小。

二、工业设备与生产数据采集系统架构

工业互联网以数据为核心，通过感知控制、数字模型、决策优化三个层次，构成工业数字化应用闭环。工业数据采集是工业互联网平台数据汇聚、处理、建模、分析，进而赋能企业数字化转型的基础，对工业互联网的应用具有重要意义。

重点针对运维数据域和生产数据域的数据采集进行介绍。运维数据域的数据采集主要关注对工业设备的数据采集，包括对数控机床、冲压机、工业机器人等设备数据及流程制造业中压缩机等设备数据的采集。工业设备数据采集的信息包括振动、噪声、

温度等参数及设备运行、停止、报警等状态信息。生产数据域数据采集包括对离散制造业生产线的产品质量数据、产品生产数量、产品生产进度等数据进行采集，对流程制造业中流量、液位、温度、压力等工艺参数进行采集。工业设备数据的采集及传输到云平台是对设备进行健康管理的基础，工业生产数据采集上云是进行生产管控优化的基础。

针对工业设备与生产数据采集的系统主要由数据源、数据采集设备、数据传输网络和工业互联网平台组成，如图 2–1 所示。数据源包括工业传感器、PLC、DCS、有通信接口的现场设备等。工业传感器可通过有线或无线的方式接入数据采集设备，本书重点介绍工业传感器通过有线的方式接入数据采集设备。有通信接口的现场设备一般具有以太网接口或串口。数据采集设备以工业网关为主。工业互联网平台对采集到的数据进行处理、存储、分析，并通过工业 App 进行封装，对外提供设备管理、生产管理服务。

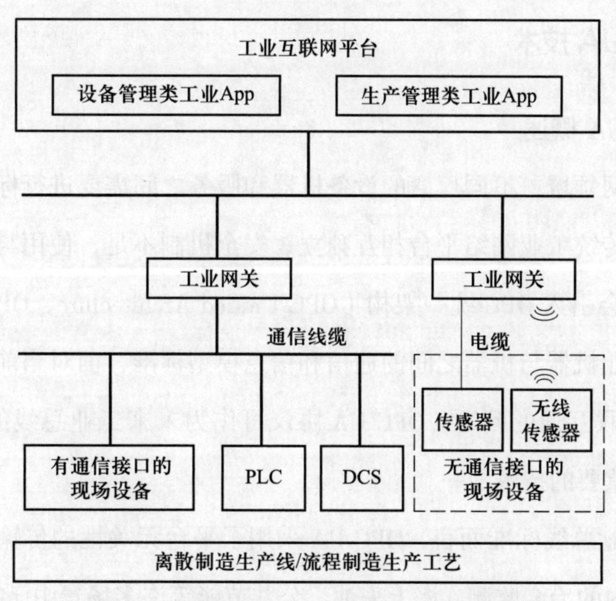

图 2–1　工业设备与生产数据采集系统架构

工业设备与生产数据采集过程包含工业设备接入、工业通信协议解析、数据转发、数据传输、数据处理、数据存储等多个环节。其中工业设备接入、工业通信协议解析、数据转发在工业网关中完成，部分工业网关支持数据处理和数据存储。

第二节　数据互通技术

考核知识点及能力要求：

- 了解 OPC UA 技术的主要特点、信息模型以及适用场景；
- 了解 MQTT 技术的主要特点、工作原理以及适用场景。

一、OPC UA 技术

（一）OPC UA 概述

在工业互联网领域，不同厂商的设备机器和服务之间需要进行标准化的数据和信息交互。为解决传统工业网络平台相互独立、安全机制不足、使用与实现过于复杂等问题，OPC 基金会引入 OPC 统一架构（OPC Unified Architecture，OPC UA）。OPC UA 是新一代面向工业机器与机器之间的通信和信息模型标准，面对当前多种工业总线间无法实现语义互联互通的问题，OPC UA 协议可作为未来工业总线的统一解决方案，是工业互联网最重要的技术之一。

相比传统工业总线标准而言，OPC UA 采用了平台无关性的传输机制，扩大了其应用范围，在国内的冶金监测、海上采油、公共节能等许多场景中已有实际应用。

（二）OPC UA 的主要特点

（1）访问的统一性。OPC UA 将现有的 OPC 规范（DA、A&E、HDA、命令、复杂数据和对象类型）进行有效集成和扩展，成为新的 OPC UA 规范。OPC UA 提供了一致、完整的地址空间和服务模型，解决了过去不能以统一方式访问同一系统内信息的问题。

（2）可靠性和冗余性。OPC UA 具有高度的可靠性和冗余性。可调式的超时设置、错误监测和自动纠正等新特征，使得符合 OPC UA 规范的软件产品可以方便地处理通信错误和失败。OPC UA 的标准冗余模型确保来自不同厂商的软件应用可同时运行，并彼此兼容。

（3）标准安全模型。OPC UA 是基于互联网的 Web Service 服务架构（SOA）和灵活的数据交换系统，与保留系统可继续兼容。

（4）通信传输性能。OPC UA 规范可经任何单一端口（经管理员开放后）进行通信。OPC UA 消息的编码格式可以是 XML 文本格式或二进制格式，也可以使用多种传输协议进行传输，例如 TCP 和通过 HTTP 的网络服务等。因此，OPC UA 提高了通信传输性能。

（5）与平台无关。OPC UA 软件的开发不依靠和局限于任何特定的操作平台。它将过去只局限于 Windows 平台的 OPC 技术拓展到 Linux、Unix、Mac 等其他平台，这种与平台的非依赖性大大扩展了它的应用领域。

（6）维护和配置方便。OPC UA 为用户提供基于服务的技术。例如，它增加可见性，使用户可方便地了解系统结构，便于系统维护和配置。

（三）OPC UA 信息模型

OPC 统一架构具有完备的信息模型。OPC UA 信息建模框架将数据转换为信息，通过完全面向对象的功能，即使是在最复杂的多层级结构上也可以建模和扩展。这一框架是 OPC 统一架构的基本元素。它定义了利用 OPC UA 公开信息模型所需的规则和基本模块。虽然 OPC UA 已经定义了应用于多个行业的核心模型，但合作组织可以在此基础上建立其自己的专属模型，并通过 OPC UA 公开其专属信息。OPC UA 还定义了信息模型的统一访问机制，包括查找机制（以查找实例及其语义）、当前数据和历史数据的读写操作、执行方法、通知数据和事件等。

在语法互操作性方面，OPC UA 定义了统一的通信模式。OPC UA 目前的传统模式是客户 / 服务器方式，其中服务器是信息提供方，客户是服务获取方。客户发出希望获取信息的请求，服务器根据情况做出回应。但是当网络上有许多节点时，客户机 /

服务器系统会产生大量的连接，极大浪费网络资源，而这种情况在工业互联网中很常见，如图 2–2a）所示。为此，OPC UA 又提出了发布 / 订阅模式，该模式支持一对多和多对多通信。服务器将其数据发送到网络（发布），每个客户端都可以接收此数据（订阅），如图 2–2b）所示。

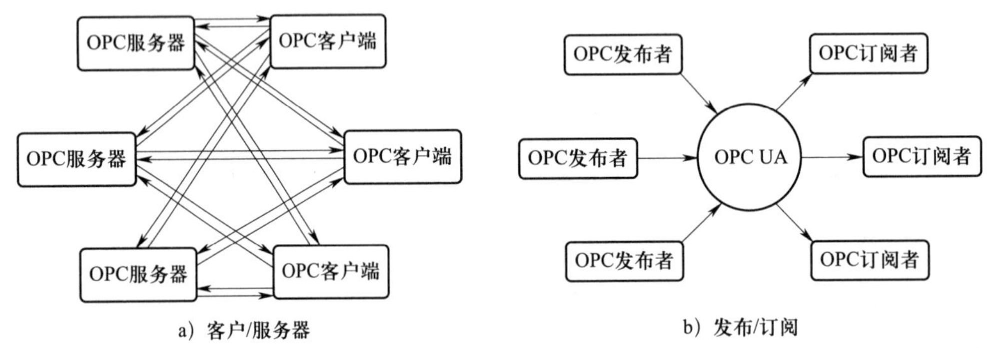

图 2–2　OPC UA 统一通信模式

在语义互操作性方面，OPC 统一架构拓展了丰富的语义互操作。目前，OPC UA 已发布《OPC 10000–19–UA 规范第 19 部分——字典参考》，描述了对 OPC UA 信息模型和外部词典（如 IEC 通用数据字典）进行引用时的基础结构。OPC UA 的对象由被参考连接的各种节点组成。不同的节点类传输不同的语义。例如，变量节点代表“值”可以被读或写，变量节点由相关的数据类型来定义实际值，如字符串、浮点数、结构等。方法节点代表可以被调用的功能。每个节点都有大量的属性，包括唯一的识别号 NodeID、用于浏览的名称 BrowsName、用于给用户显示的名称 DisplayName、节点描述 Description 等。

（四）OPC UA 的适用场景

OPC UA 技术支持工厂自动化设备之间横向信息集成，同时可沿信息流实现底层设备、控制层、MES 至 ERP 的纵向集成，以满足工业企业管控一体化需求。

如图 2–3 所示，信息通过级联的 OPC UA 组件，从生产层传输到 MES、ERP 系统中。同时 OPC UA 可将历史数据上传至云端，实现数据的远端管理。OPC UA 提供了一个具有统一性、跨层的安全性和可扩展的架构，从而确保了信息的双向连通。

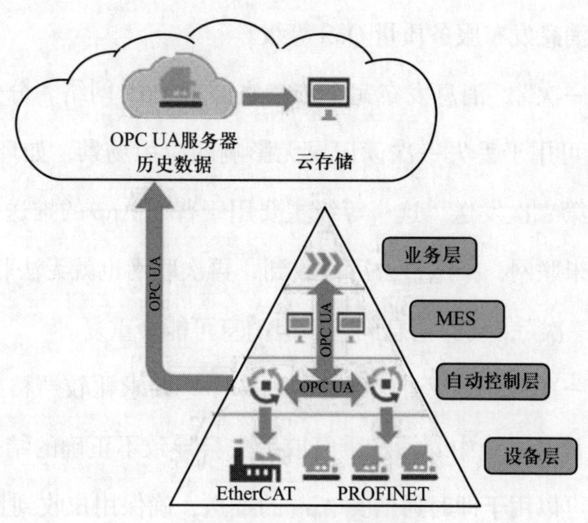

图 2-3　OPC UA 部署

二、MQTT 技术

（一）MQTT 概述

消息队列遥测传输协议 MQTT（Message Queuing Telemetry Transport，MQTT）是一种基于发布 / 订阅（Publish/Subscribe）模式的轻量级通信协议。该协议构建于 TCP/IP 协议的基础上，可以用极少的代码和有限的带宽，为连接远程设备提供实时可靠的消息服务。作为一种低开销、低带宽占用的即时通信协议。

（二）MQTT 的主要特点

MQTT 协议是为工作在低宽带、不可靠网络上的远程传感器和控制设备进行通信而设计的协议，具有以下特点。

（1）使用发布 / 订阅消息模式，提供一对多的消息发布，解除应用程序耦合。这一点类似于 XMPP（eXtensible Messaging and Presence Protocol，可扩展消息和表示协议），但由于 XMPP 使用 XML 格式文本来传递数据，其信息冗余远大于 MQTT。

（2）对负载内容屏蔽的消息传输，可以屏蔽消息订阅者所接收的内容。

（3）使用 TCP/IP 提供网络连接。主流的 MQTT 是基于 TCP 连接进行数据推送的，但是同样有基于 UDP 的版本，叫做 MQTT-SN。这两种版本基于不同的连接方式，各有各的优缺点。

（4）支持三种消息发布服务质量 QoS 等级。

QoS 0："至多一次"，消息发布完全依赖底层 TCP/IP 网络。分发的消息可能丢失或重复。这一等级可用于丢失一次读记录无影响的应用场景，如环境传感器的数据，因为不久后还会有第二次发送。这一等级主要用于普通 App 的推送，倘若用户的智能设备在消息推送时未联网，推送过去后没收到，再次联网也就无法收到了。

QoS 1："至少一次"，确保消息到达，但消息可能会重复。

QoS 2："只有一次"，确保消息到达一次。一些要求比较严格的计费系统中，可以使用此等级。在计费系统中，消息重复或丢失会导致不正确的结果。这种最高质量的消息发布服务还可以用于即时通信类 App 的推送，确保用户收到且只会收到一次。

（5）小型传输、协议交换最小化，以降低网络流量。由于具有此特点，MQTT 协议非常适用于物联网领域、传感器与服务器之间的通信，较大程度上解决了嵌入式设备运算和带宽能力的薄弱。

（三）MQTT 的工作原理

在通信过程中，MQTT 协议包括发布者（Publisher）、代理（Broker，服务器）、订阅者（Subscriber）三部分通信模块，实现 MQTT 协议需要客户端和服务器端通信完成。如图 2–4 所示，消息的发布者和订阅者都是 MQTT 客户端，消息代理是 MQTT 服务器，MQTT 客户端与 MQTT 服务器建立连接后进行会话，一个会话包含多个订阅，客户端和服务器之间有状态交互。MQTT 客户端可以是一个使用 MQTT 的应用程序或者设备，可以发布其他客户端可能会订阅的信息，订阅其他客户端发布的消息以及退订或删除应用程序的消息；MQTT 服务器又称为"消息代理"（Broker），可以是一个应用程序或一台设备，位于消息发布者和订阅者之间，可以接收来自客户的网络连接和应用信息，处理来自客户端的订阅和退订请求，以及向订阅的客户转发应用程序消息等。

MQTT 传输的消息分为主题（Topic）和负载（Payload）两部分：主题为消息的类型，订阅者订阅后，就会收到该主题的消息内容。负载为消息的内容，是指订阅者具体要使用的内容。在客户端发起订阅传输后，MQTT 会构建起底层网络传输，建立客户端到服务器的连接，提供两者之间的一个有序、无损、基于字节流的双向传输。当应用数据通过 MQTT 网络发送时，MQTT 会把与之相关的 QoS 和主题名相关联。

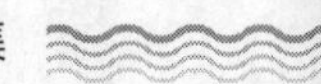

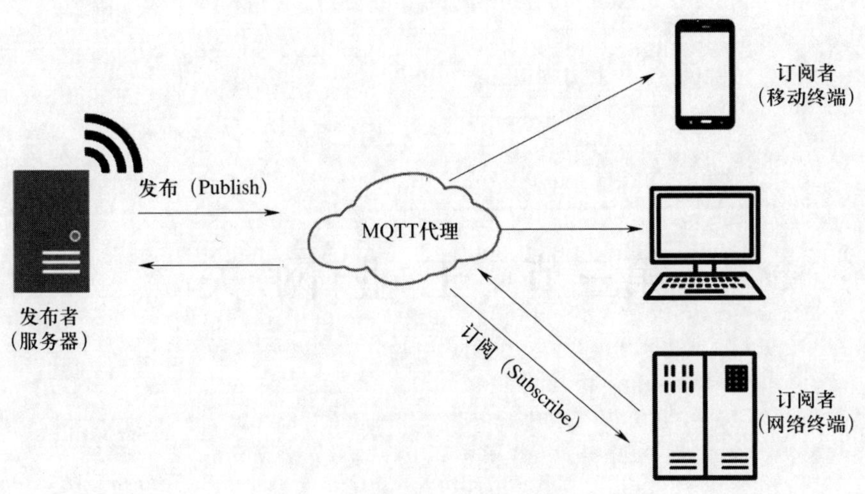

图 2-4　MQTT 协议原理实现框图

MQTT 协议的数据包格式较简单，由固定头（Fixed Header）、可变头（Variable Header）以及消息体（Payload）三部分构成。固定头存在于所有 MQTT 数据包中，表示数据包类型及数据包的分组类标识；可变头存在于部分 MQTT 数据包中，数据包类型决定了可变头是否存在及其具体内容；消息体存在于部分 MQTT 数据包中，标识客户端收到的具体内容。

（四）MQTT 的适用场景

目前，用于数据采集上云的工业网关基本支持 MQTT 协议，通过工业网关中的 MQTT 协议将生产现场传感器、PLC、生产设备等数据传输到工业互联网平台。MQTT 工业设备数据采集应用通信架构如图 2-5 所示。

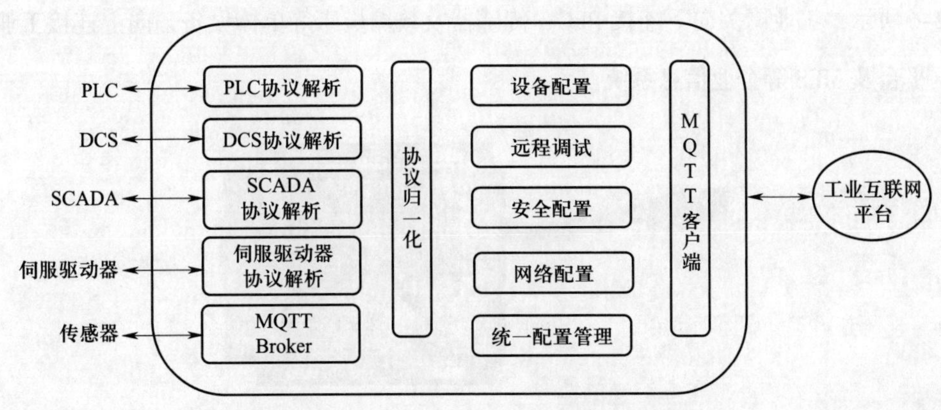

图 2-5　MQTT 工业设备数据采集应用通信架构

第三节　工 业 网 关

考核知识点及能力要求：

- 了解工业网关知识；
- 能够安装工业网关。

一、工业网关概念

工业互联网网络体系需要达成的重要功能，包括生产现场设备之间互联、工厂 OT 网络与工厂 IT 网络之间的互联。工业网关是具备协议转换、工业设备连接、数据采集、数据转发等功能的网络设备，能够支持不同通信协议的设备之间、现场设备与工业互联网平台或信息系统之间实现网络互联和数据互通。

工业网关是连接工厂 OT 网络和工厂 IT 网络的核心设备，起到承上启下的作用，如图 2–6 所示。工业网关向下连接 PLC、传感器及数控机床等单体设备，向上连接工业互联网平台及 MES 等企业信息系统。

图 2–6　工业网关

二、工业网关分类

根据工业网关的功能，可将工业网关分为工厂自动化通信协议转换网关和工业数据采集网关两大类。

（一）工厂自动化通信协议转换网关

目前现场总线和工业以太网仍是工厂自动化主要使用的通信技术。但每种现场总线协议一般由一家或数家大型公司推出，并成立相应的国际组织进行推广，以获得更多的市场份额，导致世界范围内现场总线种类繁多。国际电工技术委员会 / 国际标准协会（IEC/ISO）1999 年制定的 IEC 61158 标准涵盖了 8 种总线协议，截至 2019 年共纳入 21 种总线协议。与现场总线的发展类似，每种工业以太网协议也由一家或数家大型公司推出，并通过相应的国际组织进行推广，这同样导致世界范围内多种工业以太网技术共存的局面。

现场总线与工业以太网种类繁多，使得工业企业面临不同厂家设备互操作的问题。为此，工厂自动化通信协议转换网关用于将各类现场总线之间、各类工业以太网之间和现场总线与工业以太网之间进行协议转换。根据转换协议的不同，工厂自动化通信协议转换网关又分为各种子类（见表 2–1）。

表 2–1　工厂自动化通信协议转换网关子类及示例

子类	示例
现场总线转现场总线	CANopen 转 PROFIBUS 网关
工业以太网转工业以太网	Modbus–TCP 转 PROFINET 网关
现场总线转工业以太网	PROFIBUS 转 PROFINET 网关

（二）工业数据采集网关

工业数据采集网关采集 PLC、工业传感器及数控机床等设备的数据上传到工业互联网平台。此类网关支持多种现场总线和工业以太网协议、OPC UA、多个厂家的 PLC，并具有 I/O 模块，用于直接采集工业传感器数据，通过 MQTT 等协议将采集到的数据传输到工业互联网平台。

目前工厂工业网络部署朝着有线与无线融合的方向发展。因此工业数据采集网关能够支持工业无线局域网、5G 等无线通信技术。

工业数据采集网关主要具有如下功能。

（1）设备接入。支持多种工业通信接口、多种工业通信协议，与 PLC、工业现场设备等互联。

（2）数据采集。要具有足够的点容量，以便接入更多的数据点，并留有一定的冗余，以保证扩展性。

（3）协议解析。采集到工业现场设备产生的数据后，将各种不同格式标准的数据解析后进行统一封装，形成统一格式的标准化数据。

（4）数据转发。采集到的数据进行协议解析后，转发至工业互联网平台。

（5）数据传输。支持与工业互联网平台之间可靠的数据传输。具有较宽的工作温度范围、较强的抗电磁干扰能力等。具备一定的数据缓存能力，在遇到网络中断时，网关继续采集数据；在网络恢复正常时，把缓存数据补传到工业互联网平台。

（6）边缘计算。现场采集的实时数据在工业网关内部进行本地处理、清洗、存储，甚至在本地完成分析和决策，最后将数据上传到工业互联网平台。

（7）安全防护。工业数据采集网关作为设备数据进入工厂 IT 网络的关口，可配置安全策略，例如基于 IP 地址的管控、设备身份认证机制等。

工业数据采集网关按照是否具备边缘计算功能，分为常规工业数据采集网关和边缘计算网关。

（1）常规工业数据采集网关。常规工业数据采集网关以工业数据传输功能为主，具有数据采集、协议解析、存储转发、断网续传等功能。

（2）边缘计算网关。边缘计算网关除具备常规工业数据采集网关的功能外，还能够在工业设备的就近处进行数据采集和数据计算分析，再通过边缘计算网关将数据上传到工业互联网云平台。

边缘计算网关的主要优势包括如下几个方面。

（1）数据在数据源附近就近处理，可减少网络传输时延；

（2）工厂集中存储的数据减少，降低了集中数据的存储和管理成本；

（3）向云端传输的数据量显著减少，减轻了网络传输负担。

三、工业网关安装

工业网关的安装主要包括本体硬件安装和电源接线两个步骤。对于支持无线通信方式的网关还包括天线安装，对于支持5G的工业网关还包括SIM卡安装。

1. 工业网关本体硬件安装

工业网关本体硬件主要有三种安装方法。

（1）DIN导轨安装。首先将设备放置到DIN导轨的上部边缘，然后沿DIN导轨按压设备，直至DIN导轨滑动锁扣锁定到位。

（2）机架安装。先用螺钉将两个安装支架固定到工业网关前面板的左右两侧，然后将工业网关放置在机柜的机架中，并拧紧其与机架之间的连接螺钉。

（3）工作台安装。先在工业网关底部安装脚垫，然后将工业网关水平放置，脚垫与工作台面稳固接触。

2. 工业网关电源接线

工业网关采用直流24 V供电或交流220 V供电。对于直流供电，将来自直流电源正负极的电缆分别接到工业网关的电源正负极端子；对于交流供电，将交流电源线的接头接入工业网关交流电源插座上。

3. 工业网关天线安装

根据工业网关所支持的工业无线通信技术，选择合适型号的工业无线局域网天线、5G天线安装在工业网关的天线连接器上。

4. 工业网关 SIM 卡安装

拆开SIM卡护盖，将SIM卡按照卡槽上方标注的方向插入卡槽，将护盖重新安装以保护SIM卡及卡槽。

第四节　工业设备数据采集实施

考核知识点及能力要求：

- 能根据工业设备数据采集设计方案，配置智能工业网关功能，实现工业传感器和工业控制器的数据采集；
- 能使用通信调试工具、网络指令，测试从工业智能网关到工业互联网平台的网络连通性。

数控机床、工业机器人等设备具备通信接口，且能够存储工业设备的设备名称、设备类型等基本信息及设备的状态、参数信息。例如，数控机床控制器存储的设备信息包括机床名称、机床类型、主轴数、伺服轴数、工作状态、坐标、运行时间、刀具号、主轴实际转速、进给实际转速、主轴负载、伺服负载、报警等信息。不同厂家的工业设备采用的通信协议不同，因此需要选用支持该工业设备通信协议的工业网关进行数据采集。

此外，针对一些没有通信接口的型号陈旧的设备，以及如压缩机等一些需要进行设备健康管理的设备，可以利用外装传感器的方式，通过工业网关将设备参数数据上传到工业互联网平台。

因此，针对工业设备的数据采集主要包括通过工业设备的通信接口采集数据，和通过安装在工业设备上的传感器采集数据。由于不同厂商的网关配置方式、配置内容不同，且不同工业互联网平台商针对数据采集的配置方式、配置内容也不同，因此仅

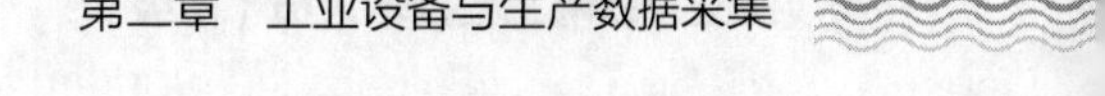

选取一部分较为通用的配置内容进行介绍。

一、工业设备接入工业网关

工业设备接入是指将工业设备或安装在工业设备上的传感器接入到工业网关。用通信线缆将工业设备的串口或以太网接口与工业网关对应的通信接口连接。用电缆将工业传感器的信号线接入工业网关的模拟量输入 AI 接口或数字量输入 DI 接口。

二、工业网关配置

工业智能网关配置主要包括以下几个方面。

（一）网络配置

1. 连接工业互联网平台的外网配置

工业网关连接的工业互联网平台，可以是企业级工业互联网平台或部署在公网中的行业工业互联网平台等。当使用 IP 地址访问工业互联网平台时，配置连接工业互联网平台的 IP 地址、子网掩码和网关地址。

使用 5G 接入工业互联网平台时，需要配置 SIM 卡接口、网络模式、选择运营商，输入从运营商处获取的用户名和密码，选择认证方式等。网络模式包括 NSA 网络和 SA 网络。NSA 网络属于 5G 非独立组网，SA 网络属于 5G 独立组网。

此外还需要在工业网关中设置路由，包括静态路由、策略路由等。静态路由是通过手工方式设置的固定路由，当网络结构比较简单且比较稳定时，通过配置静态路由就可实现网络互通。静态路由需要配置目的 IP 地址、子网掩码、下一跳等信息。策略路由是依据用户制定的策略进行路由转发，对于满足一定条件（源地址和目的地址等）的报文，执行指定的操作（设置报文的下一跳和出接口等）。策略路由可通过匹配数据的源 IP 和目的 IP 控制数据的转发。

2. 连接采集设备的内网配置

对于使用工业以太网连接设备的工业网关，配置网关的局域网 IP 地址和子网掩码，工业网关局域网以太网端口可以设置为固定 IP 地址。对于使用串口连接设备的工业网关，配置波特率、数据位等信息。

（二）数据采集配置

1. 工业传感器数据采集通道配置

对于输出为模拟量的工业传感器，配置传感器名称、通道编号（对应工业网关 AI 接口编号）、采集类型（4 ~ 20 mA 或 0 ~ 5 V）、量程等信息。

对于输出为数字量的工业传感器，配置传感器名称、通道编号（对应工业网关 DI 接口编号）、计数方式（上升沿或下降沿）等。

2. 带通信接口的工业设备数据采集通道配置

根据工业设备所支持的通信协议的不同，在工业网关中配置对应的接口、下行协议（采集工业设备数据使用的协议）、端口号、连接地址等信息。例如针对 Modbus 协议，配置 RS-485 总线接口的波特率、数据位、停止位、奇偶校验、帧间隔；针对 OPC UA，配置 URL 信息。

3. 采集点信息配置

针对 Modbus 协议，为每个采集的变量配置采集点名称、接口、功能码、寄存器起始地址、寄存器数据个数、数据类型等。

4. 上传协议配置

以 MQTT 作为上传工业互联网平台的协议为例，网关集成 MQTT 功能，配置工业网关为 MQTT Client，配置 MQTT 发布主题和订阅主题。

5. 存储配置

对于具有缓存功能的工业网关，还需要配置缓存时间、缓存路径等信息。

三、工业互联网平台配置

工业互联网平台配置主要包括如下三个方面。

（1）添加需要关联的工业网关，设置网关名称、网关型号、与网关进行数据传输的协议，如 MQTT 等信息。

（2）为网关关联待采集的工业设备，配置设备名称、设备型号等基础信息，并为该工业设备配置采集点信息，即每个采集变量的名称、单位、数据类型等。

（3）MQTT 配置。为工业互联网平台设置为 MQTT Server，在平台中定义 MQTT 主题，配置发布主题和订阅主题。

四、网络连通性测试与采集数据准确性验证

（一）工业设备数据采集系统网络连通性测试

一般使用 ping 命令来测试工业设备数据采集系统的网络连通性。

（1）工业网关到工业互联网平台的网络连通性测试。用工业网关中集成的 ping 功能 ping 工业互联网平台主机 IP 地址。如果能够 ping 通，说明工业网关到工业互联网平台之间的网络是连通的。

（2）工业网关到工业设备的网络连通性测试。用工业网关中集成的 ping 功能 ping 工业设备的 IP 地址。如果能够 ping 通，说明工业网关到工业设备的网络是连通的。

（二）对采集的工业设备数据进行准确性验证

使用工业互联网平台集成的数据监测工具，可查看每个工业设备每个传感器测量的变量的数值。可从以下几个方面验证数据的准确性。

（1）确认每条数据已经传输到工业互联网平台，且没有超过传感器量程范围；

（2）通过网关管理软件等工具查看采集的工业设备各参数数据值，并与平台上展示的数据值对比；

（3）对于能就地显示的传感器，将显示数值与传输到工业互联网平台中的数值进行对比。

第五节　工业生产数据采集实施

考核知识点及能力要求：

- 能根据工业设备数据采集设计方案，配置工业控制器中的变量；
- 能根据工业设备数据采集设计方案，在工业互联网平台上进行设备、数据等信息配置；
- 能对采集的工业设备数据进行准确性验证。

离散制造业生产过程中生产线产品生产数量、产品生产进度等数据主要从 PLC 采集，流程制造业中流量、液位、温度、压力等工艺参数的数据源主要从 DCS 中采集。下面以 PLC 为例介绍生产过程实时数据采集的主要过程。

一、配置 PLC 中变量表

根据生产过程数据采集设计方案，为 PLC 配置每个待采集的变量。一般包括变量名称、地址等信息。

二、PLC 接入工业网关

PLC 一般配置的通信接口为串口或以太网口。用通信线缆将 PLC 的接口与工业网关对应通信接口连接。对于通过工业以太网协议与工业网关通信的 PLC，需要将其 IP 地址设置为与工业网关局域网口在同一网段内。

三、工业网关配置

工业网关的网络配置，数据采集配置中的上传协议配置、存储配置与本章第四节类似，在此不再赘述。下面仅就工业网关对 PLC 数据采集的一些特殊配置进行介绍。

针对不同厂家不同型号的 PLC 需要单独配置。在数据采集通道配置方面，配置与 PLC 通信的协议、IP 地址、PLC 厂家、PLC 型号等信息。在采集点信息配置方面，根据 PLC 中待采集的变量表，在工业网关中配置每个变量的信息，包括变量名称、变量类型、单位、取值范围等。对于支持 Modbus 通信协议的 PLC，可将 PLC 存储变量的数据块映射至 Modbus 的寄存器地址。

四、工业互联网平台配置

工业互联网平台配置主要包括如下三个方面。

（1）添加需要关联的工业网关，设置网关名称、网关型号、与网关进行数据传输的协议，如 MQTT 等信息。

（2）为网关添加待采集的 PLC，配置 PLC 名称、PLC 型号等基础信息，并为该 PLC 配置采集点信息，即每个采集变量的名称、单位、数据类型等。产线生产状态采集点信息来源于 PLC 中与产线状态相关的变量信息。

（3）MQTT 配置。为工业互联网平台设置为 MQTT Server，在平台中定义 MQTT 主题，配置发布主题和订阅主题。

五、网络连通性测试与采集数据准确性验证

对于工业网关到 PLC 的网络连通性测试，用工业网关中集成的 ping 功能 ping PLC 的 IP 地址。如果能够 ping 通，说明工业网关到 PLC 的网络是连通的。

使用工业互联网平台集成的数据监测工具，可监视来自工厂现场 PLC 中展示产线生产状态的变量值。可从以下几个方面验证数据的准确性。

（1）确认每条变量数据已经传输到工业互联网平台；

（2）通过网关管理软件等工具查看采集的 PLC 变量表中各变量数值，并与平台上

展示的数据值对比；

（3）使用 PLC 编程、组态软件监控 PLC 变量的实际值，与采集到平台中的变量数值进行对比。

思考题

1. 工业数据如何分类?
2. 简述工业数据中一级、二级以及三级数据的特点。
3. OPC UA 的主要特点是什么?
4. 简述 MQTT 的主要特点及其工作原理。
5. 工业网关的主要功能有哪些?
6. OPC UA 和 MQTT 分别有哪些适用场景?

第三章
工业标识数据采集

工业标识是工业互联网网络的基础，用于识别不同物品、实体、物联网对象的名称标记。工业互联网标识解析技术通过建立统一的标识体系，将工业中的设备、机器和物料等一切生产要素连接起来，通过解析体系连接割裂的数据和应用，实现对数据的来源、流动过程、用途等信息的全面掌握。通过了解标识载体技术、标识存储知识以及标识识读设备知识，能够配置工业标识数据采集接口，完成工业标识数据采集。

- **职业功能：**工业标识数据采集。
- **工作内容：**安装并调试标识识读设备，完成采集工业标识数据。
- **专业能力要求：**能根据设计方案，安装、调试针对条码、二维码、RFID 标签等标识载体的数据采集系统；能对条码、二维码、RFID 标签等进行信息读取；能对工业互联网平台、标识解析系统进行标识数据采集接口配置，并实现标识数据采集；能对采集的标识数据进行准确性验证。
- **相关知识要求：**主流标识载体技术知识，包括被动标识载体、主动标识载体技术知识；标识存储知识；标识识读设备使用知识，对条码、二维码、RFID 进行识读。

第一节 主流标识载体及标识存储

考核知识点及能力要求：

- 了解主流标识载体技术知识，包括被动标识载体和主动标识载体；
- 了解标识存储知识。

标识载体是指承载标识编码资源的标签。根据标识载体是否能够主动与标识数据读写设备、标识解析服务节点、标识数据应用平台等发生通信交互，可以将标识载体分为被动标识载体和主动标识载体两类。

一、被动标识载体

被动标识载体一般附着在工业设备或者产品的表面，以方便读卡器读取。在工业互联网中，被动标识载体一般只承载工业互联网标识编码，而缺乏远程网络连接能力，需要依赖标识读写器才能向标识解析服务器发起标识解析请求，安全能力较弱，缺乏证书、算法和密钥等所需的必要安全能力。常见的被动标识载体有条码、二维码、RFID 等。

（一）条码

条码只在一个方向（一般为水平方向）表达信息，在另一个方向（一般为垂直方向）不表达任何信息。其图案由黑白相间的条纹组成，黑色部分称为“条”，白色部分称为“空”，“条”和“空”代表二进制的 1 和 0，对其进行编码，从而可以组合不同粗细间隔的黑白图案，可以代表数字、字符和符号信息，反映某种信息，如图 3–1 所示。条码广泛应用于商业零售、仓储、邮电、运输等诸多领域，条码技术是实现销售终端系统、电子数据交换（Electronic Data Interchange，EDI）、电子商务和供应链管理的技术基础，是实现物流管理现代化、提高企业管理水平和竞争力的重要手段。

图 3–1　条码示例

条码可以识别商品的基本信息，如商品名称、价格等，但并不能提供商品更详细的信息，若要调用更多的信息，就需要数据库进一步配合。条码的应用可以提高信息录入速度、降低差错率。同时，条码也存在容量较小（只有 30 byte 左右）、内容只能包含字母和数字、遭到损坏后不能阅读等缺陷。常用的条码见表 3–1。

表 3–1　常用条码类型及用途

条码类型	主要用途
EAN/UPC 条码（包括 EAN–13、EAN–8、UPC–A 和 UPC–E）	用于标识零售渠道销售的贸易项，也用于标识非零售的贸易项
ITF–14 条码	只能用于标识非零售的商品
UCC/EAN–128 条码	用于标识物流单元，不能用于 POS 零售结算

从载体自动识别技术的角度讲，符号会越来越小型化，占用面积越来越少；同时，载体形式更加多样化，性能更加智能化。

（二）标识在条码中的存储

Ecode（Entity Code for IoT）是我国自主研制的，遵循唯一性、兼容性、可扩展性、安全性和实用性等原则的一套物联网标识编码技术。Ecode 标识体系由 Ecode 编码、数据标识、中间件、解析系统、信息查询和发现服务、安全机制等部分组成，遵循“统一标识、自主标准、广泛兼容”三个基本原则，是科学合理、符合我国国情并能满足我国当前工业互联网发展需求的完整编码方案和统一的数据结构。

下面以 Ecode 在条码中的存储为例进行介绍。Ecode 的条码标识采用 128 条码标识，

从左往右依次为左侧空白区、起始符、Ecode 起始符、Ecode、终止符、右侧空白区。其中 Ecode 标识体系编码结构为版本（V）、编码体系标识（NSI）和主码（MD）；左侧空白区位于条码符号最左侧的与空的反射率相同的区域，最小宽度为 10 个模块宽；起始符由 3 个条和 3 个空共 11 个模块组成；终止符由 4 个条和 3 个空共 13 个模块组成；右侧空白区位于条码符号最右侧的与空的反射率相同的区域，最小宽度为 10 个模块宽。

（三）二维码

二维码是在条码技术的基础上衍生而来的，在水平和垂直方向的二维空间存储信息的条形码，既记录横向信息也记录纵向信息，也是按照“0”和“1”的比特流原理进行设计。二维码技术已广泛应用在国防、公共安全、交通运输、医疗保健、工业、商业等领域。目前，在支付领域应用最多。

二维码是较为经济、实用的一种自动识别技术，除具备条码的优点外，还具有信息容量大、信息密度高、纠错功能强、可表示各种多媒体信息及多种文字信息、译码可靠性高、保密防伪性强等特点。

二维码从技术角度分类可以分为行排式二维码和矩阵式二维码两种类型。行排式二维码（又称堆积式或层排式二维码）的编码原理是建立在条码基础之上，按需要堆积成两行或多行。它在编码设计、校验原理、识读方式等方面继承了条码的一些特点，识读设备和条码印刷与条码技术兼容。但由于行数的增加，需要对行进行判定，其译码算法与软件也不完全与条码相同。有代表性的行排式二维码包括 PDF417、Code 16K、Code 49，如图 3–2 所示。

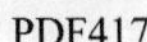
PDF417

Code 16K

Code 49

图 3–2 有代表性的行排式二维码

矩阵式二维码最为常见，通过黑白（其他颜色也有）像素在矩阵中不同的分布进行编码，在矩阵元素区出现的点（方、圆等形状）表示二进制的“1”，不出现则表示“0”，通过点排列确定其信息。矩阵式二维码分为若干个小区域，每个区域有一定信息，角上有三个色块，可以保证无论从哪个方向扫描都可正确定位信息，中间色块可以存放个性化图表。典型的矩阵式二维码有 Maxi Code、QR Code、Data Matrix、Aztec Code 等，如图 3–3 所示。

Maxi Code

QR Code

Data Matrix

Aztec Code

图 3–3　有代表性的矩阵式二维码

下面对工业上常用的几种二维码进行介绍。

1. QR Code

QR Code 是目前很常用的一种二维码，识读速度快、范围广，并且能够有效表示汉字、各种符号、字母、数字。这种二维码广泛应用于工业自动化生产线管理、防伪溯源、电子凭证等各种各样场景。

2. DM（Data Matrix）

DM 码是一种矩阵式二维码，外观上是由许多小方格所组成的正方形或长方形符号，其信息的储存是以浅色与深色方格的排列组合，编码方式为二位元码，读取其信息内容非常方便。DM 码尺寸比其他类型的二维码都小，因此非常适用于标识小零件。DM 码也能够直接印刷在实体上。

3. PDF417

组成 PDF417 二维码的每一符号字符都由 4 个条和 4 个空共 17 个模块构成，所以称为 PDF417 条码。该码广泛应用于工业生产、商业、交通运输等领域。

4. Maxi Code

Maxi Code 二维码是快递公司为有效改善作业效率、提高服务品质而研发的一类条码。它是一种中等容量的矩阵式二维码。尺寸比较固定的它由紧密相连的六边形模组和位于符号中央位置的定位图形所组成。该码主要应用在包裹搜寻和追踪上，方便高速扫描。

5. 汉信码

图 3–4 汉信码

汉信码是由我国自主研发的一种矩阵式二维条码，具有强大的汉字编码能力，外形美观，信息密度高，容量大，也能够支持加密技术，如图 3–4 所示。目前汉信码应用于各行各业，如质量追溯系统、仓库管理、食品安全、质监检查等领域。

（四）标识在二维码中的存储

下面以 Ecode 在二维码中的存储为例进行介绍。Ecode 在二维码中的存储分为基本存储结构和 Ecode 解析网址的存储结构两种方式，可以根据应用选择其中一种使用。

基本存储结构：Ecode 在二维码中存储时，从逻辑结构上依次分为唯一标识区、属性区和用户区，其中唯一标识区为必选，属性区和用户区为可选。属性区用于存储数据内容标识符及其对应的属性值；用户区用于存储用户自定义数据，数据应符合二维码码制规定的字符要求。

Ecode 解析网址的存储结构：Ecode 解析网址在二维码中存储时，存储结构依次分为网址区、唯一标识区、属性区和用户区。其中网址区和唯一标识区为必选，属性区和用户区为可选。属性区用于存储数据内容标识符及其对应的属性值，用户区用于存储用户自定义数据。

（五）射频识别

射频识别（RFID）是一种非接触式的自动识别技术，可通过无线电信号识别特定目标对象并读写相关数据，而无须在识别系统与特定目标之间建立机械或光学接触，因而适用于各种恶劣环境。RFID 技术是条形码技术的进一步延拓，可识别高速运动物体并同时识别多个标签，操作快捷方便。目前广泛应用于多个领域，典型应用场景包括仓库物流、防伪识别、智能交通、身份识别、食品安全溯源等。

RFID 和条码、二维码不同，条码和二维码都可以认为是打印在纸片上的标识图案，编码在图案上的黑白条或黑白格子里，没有芯片。RFID 是电子标签，信息保存在芯片里，芯片可以读写，需要使用专门的打印机进行打印。RFID 系统通常由标签、识读器和计算机系统三部分组成，如图 3–5 所示。RFID 系统工作过程中，天线与 RFID

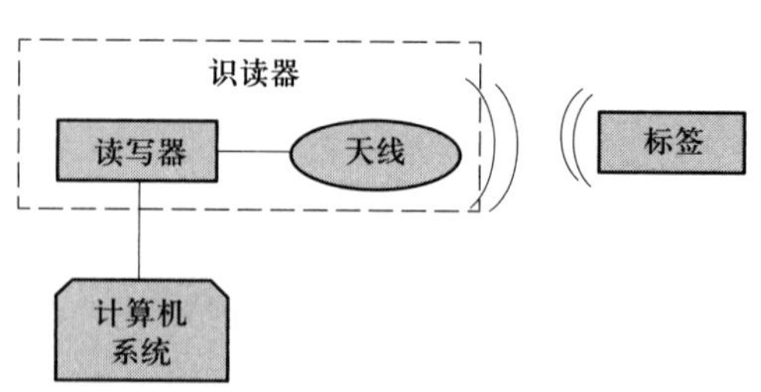

图 3–5　RFID 系统原理图

电子标签进行无线通信，通常由识读器在一个区域内发射射频能量形式的电磁场，标签通过这一区域时被触发，发送存储在标签中的数据，或根据识读器的指令改写存储在标签中的数据。识读器可接收标签发送的数据或向标签发送数据，并能在解码后通过标准接口与计算机网络进行通信。

目前，RFID 的工作频段有低频、高频和超高频，不同频段的 RFID 产品有不同的特性及应用场景。各频段 RFID 产品的特点及主要应用领域见表 3–2。

表 3–2　　不同频段 RFID 产品的比较

RFID 频段及应用	相关标准	工作频率	工作方式	阅读距离	数据传输	应用领域
低频	ISO11784/11785	30 ~ 300 kHz。典型工作频率有 125 kHz、133 kHz	电感耦合，标签需位于阅读器和天线辐射的近场区域内	一般情况下小于 0.1 m	低速，数据少	低端应用，动物识别
高频	ISO/IEC 14443，ISO/IEC 18000–3	3 ~ 30 MHz。典型工作频率有 13.56 MHz	电感耦合，标签需位于阅读器和天线辐射的近场区域内	一般情况下小于 1 m	中速数据传输	门禁、身份证、车票等
超高频	ISO/IEC 18000–4、–5、–6、–7	433 MHz，862 ~ 960 MHz，2.45 GHz，5.8 GHz	电感耦合，标签需位于阅读器和天线辐射的远场区域内	一般情况下大于 1 m，典型情况为 4 ~ 6 m，最大可 10 m 以上	数据传输速率高，更适合快速、大容量高效的物品识别	移动车辆识别、电子身份证、仓库物流应用等

RFID 技术在工业制造中有着明显优点，可以控制生产过程、监控生产状态，形成一个闭合的制造生态圈，在物流、仓储上也能够发挥重要作用，甚至能够对工业制造企业的供应链进行整合。但由于受成本、技术等因素限制，目前 RFID 在工业制造

领域中的应用有限，应用RFID技术的工业制造企业大概只有10%左右，且多以大型的汽车整车制造、汽车零部件制造等汽车相关企业为主。RFID技术主要用于解决整个供应链中，与制造过程相关内外资源进行实时综合协调控制和精细化管理等问题，以便及时响应顾客的个性化需求和实现产品增值，并为顾客提供更好的服务。随着RFID成本降低、技术等限制因素得以解决和RFID技术的持续发展，硬件制造技术、中间件技术、系统集成应用等所构成的RFID产业链将变得更加成熟，产品也将更加多样化，其在工业制造业的应用范围将不再局限于汽车等部分领域，应用范围将越来越广，从而实现其在工业制造领域需求的较快增长，工业制造领域将成为RFID发展的重要推动力。

（六）标识在RFID标签中的存储

下面以Ecode在RFID标签中的存储为例进行介绍。RFID标签数据采用二进制存储，RFID标签的存储结构分为分段内存结构、离散内存结构和连续内存结构三种类型。

分段内存结构是指RFID标签存储在分段的内存区域。按照逻辑内存，分段内存结构划分为访问控制区、物品标识区、标签标识区、用户数据区四个区域。

离散内存结构是指RFID标签存储在离散的内存区域，由标签读写设备通过相应的写入和读取命令进行独立寻址。

连续内存结构是指RFID标签存储在一段连续的内存区域，所有数据按照地址顺序存储。

二、主动标识载体

主动标识载体一般嵌入在工业设备的内部，承载工业互联网标识编码及其必要的安全证书、算法和密钥，具备联网通信功能。它能够主动向标识解析服务节点或标识数据应用平台等发起连接，而无须借助标识读写设备来触发连接。通用集成电路卡（UICC）、安全芯片、通信模组和终端等都是典型的主动标识载体。当前主动标识载体属于新技术，在产业界已形成初步应用。

主动标识载体的主要特征有以下三点。

（1）嵌入在工业设备内部，不容易被盗取或者误安装；

（2）具备网络连接能力，能够主动向标识解析服务器发起标识解析请求，同时支持被其承载的标识及其相关信息的远程增删改查；

（3）除了承载工业标识编码外，还具有安全区域存储必要的证书、算法和密钥，能够提供工业标识符及其相关数据的加密传输、支持接入认证等可信相关功能。

第二节　标识识读设备及标识信息读取

考核知识点及能力要求：

- 了解标识识读设备使用知识；
- 能够对条码、二维码、RFID 标签等进行信息读取。

一、条码识读设备及标识信息读取

（一）条码识读设备

条码识读设备由条形码扫描仪和解码器组成。现在大多数条码阅读器集成了扫描仪和解码器。根据不同的用途和需要，使用对应类型的扫描仪。

常用的条码识读设备主要有光笔扫描器、CCD 扫描器和激光扫描器三种。

1. 光笔扫描器

光笔是最先出现的一种手持接触式条形码识读器，也是最为经济的一种条形码识读器。使用时，操作者需将光笔接触到条形码表面，当光笔发出的光点从左到右划过条形码时，在“空”部分光线被反射，“条”部分光线被吸收。经过光电转换，电信号通过放大、整形后用于译码器。光笔扫描器的优点是成本低、耗电少、耐用，适合数据采集，可读较长的条形码符号；缺点是光笔首读成功率低，误码率较高。

2. CCD 扫描器

CCD 扫描器主要采用固定光束（通常是发光二极管的泛光源）照明整个条形码，将条形码符号反射到光敏元件阵列上，经光电转换，辨识出条形码符号。新型的 CCD 扫描器不仅可以识别条码和行排式二维码，而且可以识别矩阵式二维码。

3. 激光扫描器

激光扫描器是以激光为光源的扫描仪，由于扫描光较强，可远距离扫描，扫描精度高，得到了广泛应用。激光扫描器主要有手持式扫描器和固定式扫描器两种类型。手持式易于连接，使用灵活；固定式非常适合一些读取量较大、条形码较小的场合，可有效地解放双手进行扫描识读。

（二）从条码中读取标识信息

通过条码收集制造数据是最为普遍的数据采集方式之一。条码收集数据的前提是信息可以以编码的方式表达或与预设的数据通过编码建立对应关系。条码方式可收集的数据主要包括产品批号、物料批号、加工资源编号、运输资源编号、人员编号、异常类别、异常现象、设备状态（维修、保养、故障停机等）、作业开始、作业结束等。条码可以提高数据录入的准确性，提高录入速度，且成本较低。因此，尽可能地将数据进行分类然后编码处理，转化成条码的方式表达，可以方便现场的数据采集。

如上面所述，条形码需要使用专门仪器进行识别，即扫描枪。条码符号是由反射率不同的“条”“空”按照一定的编码规则组合起来的一种信息符号。由于条码符号中“条”“空”对光线具有不同的反射率，从而使条码扫描器接收到强弱不同的反射光信号，相应地产生电位高低不同的电脉冲。而条码符号中“条”“空”的宽度则决定电位高低不同的电脉冲信号的长短。扫描器接收到的光信号需要经光电转换成电信号并通过放大电路进行放大。由于扫描光点具有一定的尺寸、条码印刷时的边缘模糊性以及一些其他原因，经过电路放大的条码电信号是一种平滑的起伏信号，这种信号称为“模拟电信号”。模拟电信号需经整形变成通常的数字信号。根据码制所对应的编码规则，译码器便可将数字信号识读译成数字、字符信息。条形码扫描器利用光电元件将检测到的光信号转换成电信号，再将电信号通过模拟数字转换器转化为数字信号，传输到计算机中进行处理。

条码可以用来表示数字、英文字母和符号，但不能表示汉字。它只有横向记录信息，纵向不记录信息，有一定的抗破坏能力。纵向破坏一部分，只要横向完整，就能读取出对应的信息。条码标签可以用普通纸打印，也可以使用专门的标签纸打印。

条码读取过程如下：

（1）扫码枪利用条码上白条和黑条的不同反光率，射出的红色光线得到不同的反射强度，然后利用光电传感器转为电信号，滤波放大后转为数字信号 0、1。每个数字由 7 个黑色或者白色单位宽度的条组成。当然，用摄像头拍摄然后图像处理方式进行条码中 0、1 的提取也是可以的。

（2）从左往右扫描得到左侧 6 个数字，同时根据编码表给出的奇偶性推导出第一个前置码为多少，再扫描右侧数据符 6 个，得到总的 13 个数据符。这 13 个数字里面包含了产品的重要信息，通过计算机与数据库进行对比得到产品的生产商、产品名称等信息。

二、二维码识读设备及标识信息读取

（一）二维码识读设备

二维码生成之后，可以通过图像输入设备或光电扫描设备来抓取二维码图像，并用专门的解码器对图像进行解码，以实现二维码信息的自动识别。

1. 按照识读原理不同分类

（1）线性 CCD 和线性图像式阅读器（Linear Imager）。可阅读条码和线性堆叠式二维码（如 PDF417），在阅读二维码时需要沿条码的垂直方向扫过整个条码，即“扫动式阅读”。

（2）带光栅的激光识读器。可阅读条码和线性堆叠式二维码。阅读二维码时将光线对准二维码，由光栅元件完成垂直扫描，不需要手工扫动。

（3）图像式识读器（Image Reader）。采用面阵 CCD 摄像方式将二维码图像摄取后进行分析和解码，可阅读条码和所有类型的二维码。

2. 按照工作方式不同分类

(1)手持式。手持式识读设备即二维码扫描枪。该扫描枪能够扫描 QR 码、DM 码、PDF417 码等。

(2)固定式。固定式识读设备即二维码台式读取器，一般固定在平面上或一些终端设备内部。

(二)从二维码中识读标识信息

二维码也是利用二进制来表示信息的。二维码就是把信息翻译成黑白小方块，然后组成一个大方块。相比于只在一个维度上携带信息的条码，二维码在两个维度上都携带了信息。在二维码编码中，白色小方块表示 0，黑色小方块表示 1，用二进制编码表示了数字、字母、符号和汉字信息。所有二维码角上都有三个相同的方块，是用来给扫描定位的，不管正着扫、倒着扫，还是斜着扫，扫出来的结果都是一样的。与条码相比，二维码可以表示汉字，这是二维码一大优点。它表示信息密度也高于条码，传统的条码只能处理 20 位左右的信息量，与之相比，二维码可处理条码几十倍到几百倍的信息量。

二维码便于手机扫描，且二维码也有一定纠错能力，最多可以纠错约 30%，少量破坏也能读取信息。以 QR 码为例，其功能区划分如图 3–6 所示。

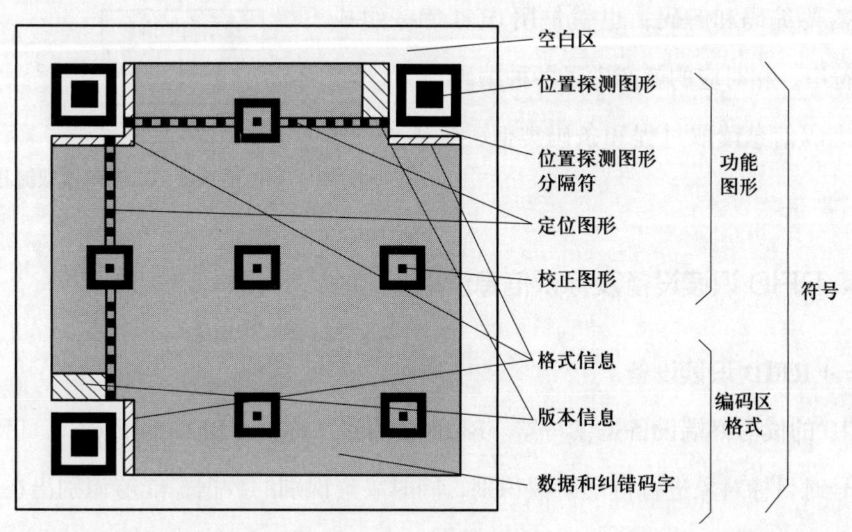

图 3–6 QR 码功能区划分

图像识别的流程如图 3–7 所示。

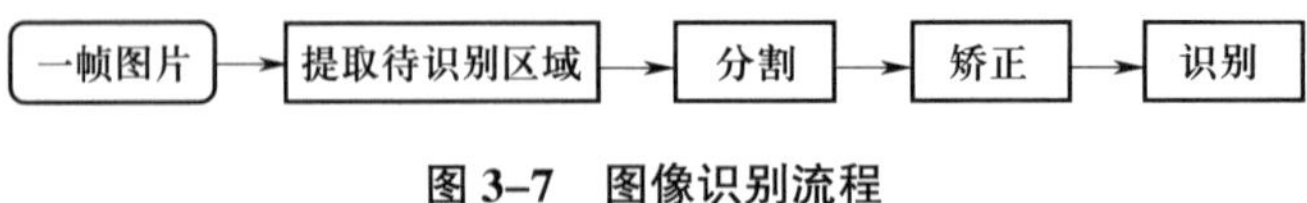

图 3–7 图像识别流程

图 3–6 中的空白区：超出二维码范围的是无效的，可以随意填充，但不能是其他二维码。若用二维码填充，会影响二维码的识别。

位置探测图形、定位图形：顾名思义，功能就是定位。详细来说，就是从一张图像中识别出二维码来。

校正图形：当用设备获取一张图片的时候，并不一定能保证正对图片拍照，所以会造成图片的变形，不利于下一步的识别。QR 码设计了一些固定比例的长方形块，可以将这个固定比例和照片进行对比，计算出变换矩阵后算出逆矩阵，根据照片和逆矩阵即可对图片进行正确的矫正。

格式信息、版本信息：二维码的数据主体其实就是一些黑白相间的块，这些数据块代表是 0、1，但是 0、1 要表示成其他高级语言可以读的字符串和其他信息，就需要编码和解码，也就是用 0、1 串来组成不同的字符串，相对应的就产生了各种编码。

二维码信息读取过程和条码类似，具体如图 3–8 所示。

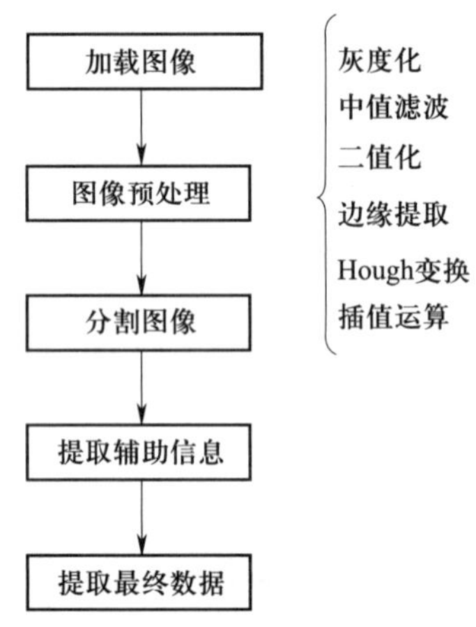

图 3–8 二维码读取流程图

三、RFID 识读设备及标识信息读取

（一）RFID 识读设备

RFID 的读写终端设备是读写器。RFID 读写器又称为“RFID 阅读器”，借助无线识别信号对目标对象进行自动射频识别，同时采集识别的数据，能够识别出在高速运动中的物体，并可同时识别多个 RFID 标签，操作快捷方便。读写器可以阅读射频标签，也可以对数据进行擦写，故叫读写器。若只能阅读但不能擦写，则叫读卡器或射

频识别器。RFID 读写器主要有固定式 RFID 读写器和手持式 RFID 读写器两种。手持式 RFID 读写器又主要包括低频手持 RFID 读写器、高频手持 RFID 读写器、超高频手持 RFID 读写器以及有源手持 RFID 读写器四种。

RFID 读写器主要功能有以下几方面。

（1）读取电子标签中储存的信息；

（2）能够将信息写入电子标签中；

（3）能够对电子标签中的信息进行修改。

RFID 读写器通过天线与 RFID 电子标签进行无线通信，可以实现对标签识别码和内存数据的读出或写入操作。典型的读卡器由高频模块（发送器和接收器）、控制单元和阅读器天线组成。电子标签与阅读器之间通过耦合元件实现射频信号的空间（无接触）耦合；在耦合通道内，根据时序关系，实现能量的传递、数据的交换。

目前用于智能制造领域的高频系列工业级读写设备如图 3–9 所示，可以在工装夹具、托盘、车辆等上安装 RFID 标签，实现对生产数据和生产过程的跟踪；也适用于 AGV 小车的站点标识识别。在 AGV 行驶过程中，车身下方的 RFID 阅读器主动识别 RFID 地标中存储的位置信息，并将其反馈给 PLC 控制器。PLC 接收编码数据并处理信息后，控制 AGV 根据路线选择正确的停靠站点。

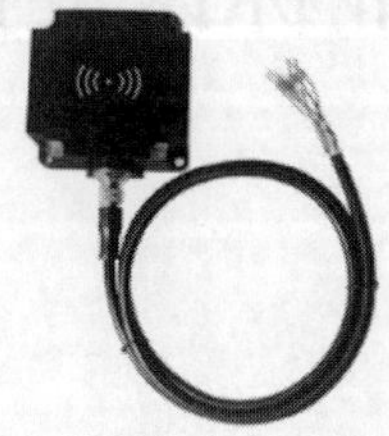

图 3–9 RFID 常用高频读写器

（二）从 RFID 标签中读取标识信息

RFID 系统的一般工作流程如下。

（1）读写器通过发射天线发送一定频率的射频信号；

（2）当电子标签进入读写器天线的工作区时，电子标签天线产生足够的感应电流，电子标签获得能量被激活；

（3）电子标签将自身信息通过内置天线发送出去；

（4）读写器天线接收到从电子标签发送来的载波信号；

（5）读写器天线将载波信号传送到读写器；

（6）读写器对接收信号进行解调和解码，然后送到系统高层进行相应处理；

（7）系统高层根据逻辑运算判断该电子标签的合法性；

（8）系统高层针对不同的设定做出相应处理，发出指令信号，控制执行机构动作。

在汽车行业中，由于完全依据订单进行生产，并且几乎没有两辆完全一样的订购汽车，因此自动化的物流跟踪是顺利生产的前提条件。对于每道生产工序，必须对汽车进行明确的识别，以避免诸如错误安装空调、调漆颜色不对等问题。在装配流水线上使用 RFID 系统实现汽车的定制化生产。RFID 系统中的标签存储颜色、发动机型号等客户所需的定制化信息，在每个工作点都有 RFID 读写器，通过读写器读取定制化信息，完成整车定制化装配。

第三节　工业标识数据采集实施

考核知识点及能力要求：

- 能够安装、调试针对条码、二维码、RFID 标签等标识载体的数据采集系统；
- 能够对工业互联网平台、标识解析系统进行标识数据采集接口配置，并实现标识数据采集；
- 能够对采集的标识数据进行准确性验证。

一、标识数据采集系统的安装与调试

（一）条码与二维码数据采集系统集成

目前很多工厂流水线使用条码与二维码识读设备，实现了条码与二维码的自动读取，替代传统人工扫描操作，从而提高生产效率。很多工业用识读设备支持条码与二维码的识读功能。

1. 硬件集成

用螺丝钉将识读设备安装在产线的合适位置，为识读设备连接电源电缆并供电，最后通过通信线缆将识读设备与 PLC 连接，如图 3–10 所示。

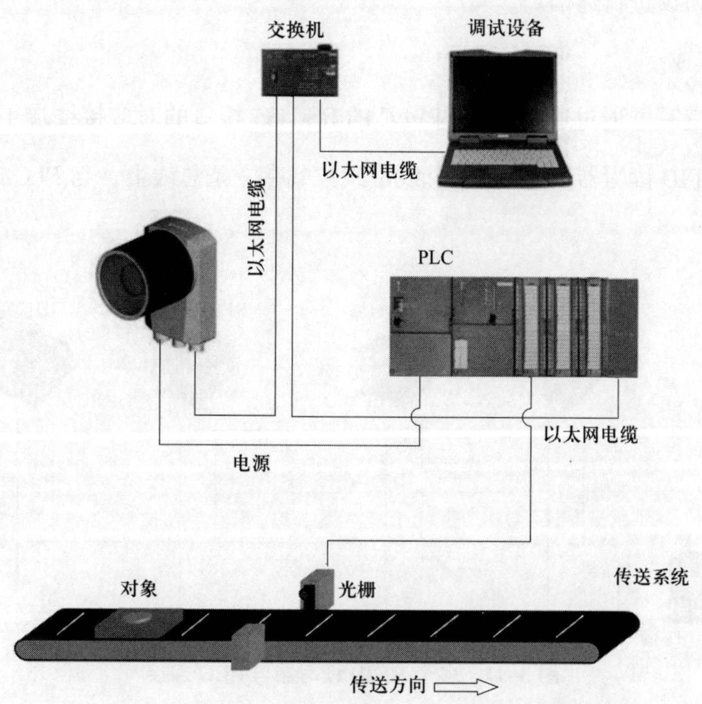

图 3–10 条码与二维码数据采集系统网络连接图

2. 配置

在调试主机中通过 IP 地址访问识读设备的配置页面，对曝光、亮度等参数进行设置。在 PLC 的组态与编程环境中配置识读设备，编写程序实现触发识读设备工作并将读取的数据进行存储。

3. 调试

在识读设备的配置页面中检查识读的条码与二维码信息是否正确。

在产线上对产品及外包装上的条码 / 二维码进行读取，当产品在产线上移动、被光栅传感器或其他接近传感器检测到时，PLC 接收到产品到达指定位置的信号，PLC 触发识读设备拍照、识读，将识读结果存储到 PLC 的数据块中，PLC 再根据识读的数据通过程序控制其他操作，实现对生产流程的控制。

（二）RFID 数据采集系统的集成

根据工业实际应用需求的不同，RFID 读写器可以直接连接到 PLC 或通过通信模块连接到 PLC。下面以 RFID 读写器与 PLC 直接连接的方式为例进行介绍，通过 Modbus–RTU 协议进行通信。

1. 硬件集成

将 RFID 读写器通过通信线缆与 PLC 的 RS–485 接口的对应接线端子连接。此外，可以将多个 RFID 读写器以 Modbus 总线形式挂载在一条总线上，与 PLC 进行通信，如图 3–11 所示。

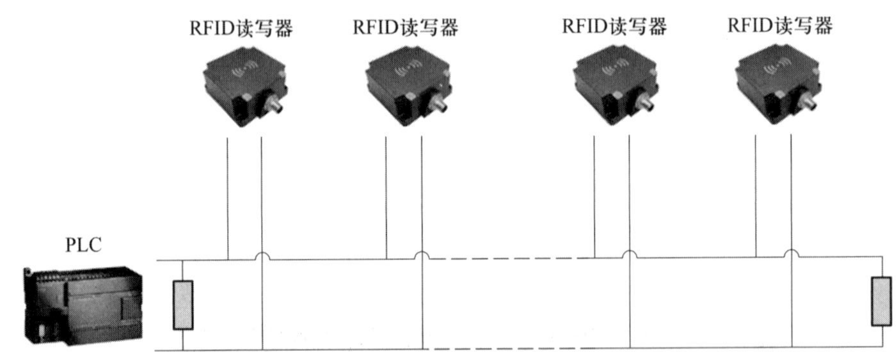

图 3–11　多个 RFID 读写器与 PLC 连接

2. 配置

一般情况下，RFID 读卡器在生产中已经写入 Modbus–RTU 从站协议，只需要在 PLC 的组态与编程环境中将 PLC 配置为主站。此外，还需要在 PLC 中编写对 RFID 读卡器数据的读写操作程序。

3. 调试

PLC 通过 Modbus 协议与 RFID 读写器进行通信，将 RFID 读写器读取的标签数据传输到 PLC 中。如果在 PLC 的变量表中看到读取的标签中的信息正确，则说明该 RFID 数据采集系统的集成成功。

二、工业互联网平台采集标识数据

工业互联网平台中的云化 MES 系统或基于 MES 的工业 App，一方面能将产品标识编码通过工业网络传输到生产现场的标签打印机或现场的刻码设备，另一方面接收来自 PLC 采集的标识信息进行生产管控，接收来自仓库等采集的标识编码信息进行原材料、产品的跟踪管理等。将标识数据采集到工业互联网平台的网络架构示例如图 3-12 所示。针对工业互联网平台从 PLC 中采集的标识数据，对工业网关的配置和工业互联网平台的配置与第二章中所述配置步骤类似。针对工业互联网平台从仓库等条码识读设备或二维码识读设备中采集标识数据，需要在云化 MES 或生产管理类工业 App 中对原材料或产品的编码等进行设置。在完成工业互联网平台采集标识数据的系

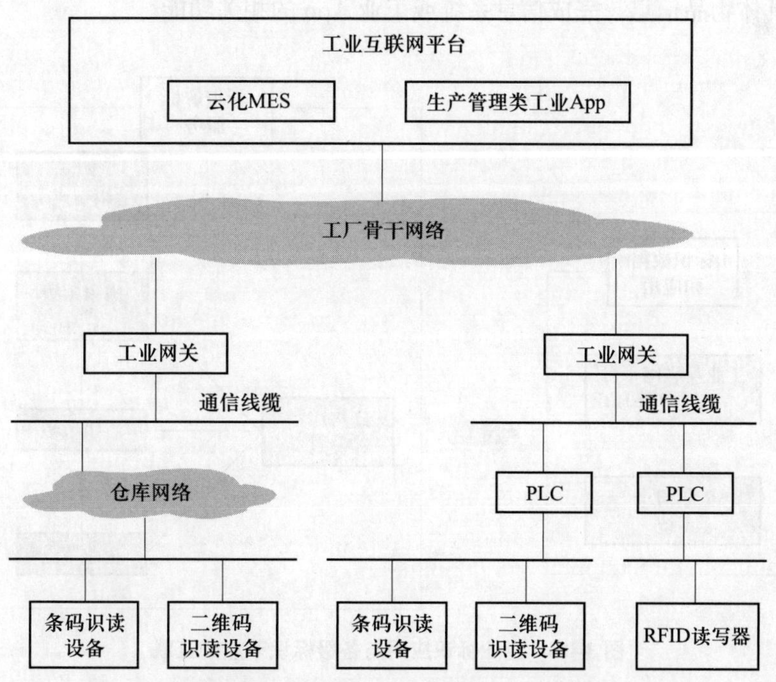

图 3-12 标识数据采集到工业互联网平台的网络架构示例

统集成后，用工业现场的条码识读设备、二维码识读设备或RFID读写器等对物料、产品的标识进行扫描。如果在工业互联网平台中云化MES或生产管理类工业App的对应界面中显示了正确的标识编码，则说明工业互联网平台采集标识数据成功。

三、标识解析系统采集标识数据

工业企业使用的标识主要应用在企业信息系统、工业互联网平台的云化MES及工业互联网平台的基于标识的工业App中，如图3–13所示。工业企业的信息系统或工业互联网平台，首先获取来自生产现场通过PLC采集的标识数据及来自仓库等地通过条码、二维码识读设备采集的标识数据。之后，信息系统或工业互联网平台中应用系统或工业App根据其功能实现，需要向公共递归解析节点发送消息，触发标识解析。若公共递归解析节点没有存储物品信息服务器地址，公共递归解析节点依次从国家顶级节点、二级节点、企业节点交互，直至寻找到存储物品信息服务器地址，然后将该地址返回给企业信息系统或工业互联网平台，进而信息系统或工业互联网平台根据地址访问到具体物品信息，完成信息系统或工业App的相关功能。

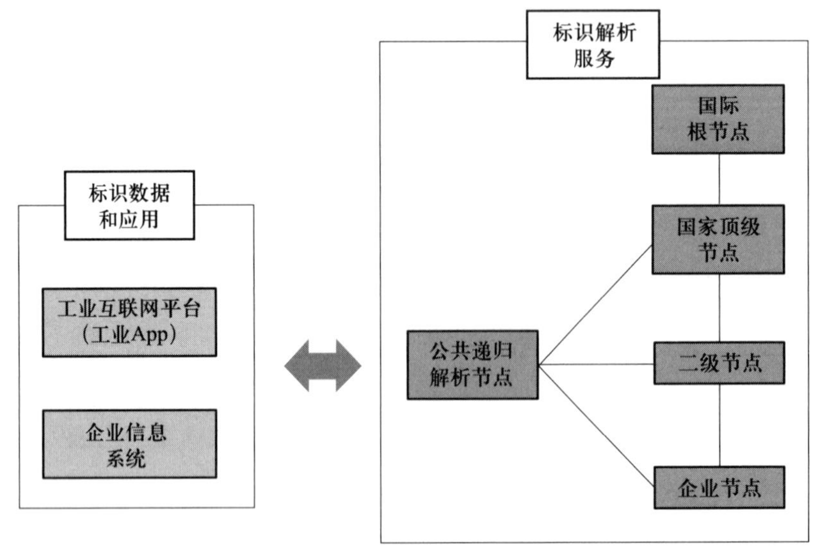

图3–13　企业标识应用与各级标识节点的互联

思考题

1. 被动标识载体有哪些？

2. 条码有哪几种分类，用途分别是什么？

3. 常用的二维码有哪几种？

4. 主动标识载体的主要特征是什么？

5. 条码识读设备有哪些？

6. 简述如何使用二维码识读设备识读标识信息。

第四章 安全防护实施

安全体系为工业互联网健康运行提供保障，其核心任务是通过监测预警、应急响应、检测评估、功能测试等措施确保工业互联网健康有序发展。通过了解工业防火墙、网闸等安全设备，以及访问控制列表等安全策略知识等，能够配置安全设备、常规安全策略，实现工厂网络中控制系统、工业设备等的安全防护，并能实现采集的数据到云平台的安全传输。

- **职业功能：**工业网络安全防护实施。
- **工作内容：**将安全防护设备以及安全策略集合至网络安全防护体系。
- **专业能力要求：**能根据网络安全设计方案，安装工业防火墙、网闸等安全设备，并将安全设备集成到工厂网络中；能根据网络安全设计方案，配置安全设备的常规安全策略，实现对工厂内网中控制系统、工业设备等的基本安全防护；能根据网络安全设计方案，配置安全设备，实现采集的数据到云平台的安全传输；能完成工厂内网安全防护策略及采集的数据到云平台安全传输的测试验证。
- **相关知识要求：**工业防火墙、网闸等常规安全设备知识；访问控制列表等常规安全策略知识；虚拟专用网络知识。

第一节　安全防护设备

考核知识点及能力要求：

- 了解工业防火墙、网闸等常规安全设备知识；
- 能够根据网络安全设计方案，安装工业防火墙、网闸等安全设备。

一、工业防火墙

（一）工业防火墙技术

工业防火墙属于工业控制系统信息安全的边界防护类产品，工业防火墙技术是工业控制系统信息安全技术的基础。由于工控网络的高实时性和高可用性要求，工业防火墙通常采用包过滤+应用层解析的模式实现对工控网络的安全防护，通常以串接方式工作，部署在工控网与企业管理网络之间、厂区不同区域之间、控制层与现场设备层之间，通过一定的访问控制测量对工业控制系统边界、内部区域进行边界保护。

工业防火墙技术包括数据包过滤防火墙技术、状态包检测防火墙技术和代理服务网关防火墙技术。其中，数据包过滤防火墙适用于工业控制，早期市场已普遍使用，具有过滤效率高、成本低、易于使用等优点，但该防火墙是基于网络层的安全技术，因此不具备检测通过应用层协议而实施的攻击的功能。状态包检测防火墙适用于工业控制，相比数据包过滤防火墙，具有更高的安全性和更好的性能，目前正在推广应用。代理服务网关防火墙不太适用于工业控制，但也有不计较延时情况的应用。

（二）工业防火墙特点

（1）网络边界隔离。支持透明和路由两种工作模式。

（2）安全域划分。能够灵活配置不同区域的安全规则。

（3）访问控制。提供基于 IP 地址、端口、时间及服务的包过滤。

（4）工控协议深度解析。支持 Modbus、DNP、IEC 103 等工控协议的深度解析；支持 OPC 动态端口解析；支持完整性检查、合法性检查等。

（5）工业网络可视化。支持网络流量监测、工控协议识别、异常操作报警。

（6）工业级硬件设计。支持低温、高温、振动等使用环境，适应各类工控现场。

（7）支持常用工业协议。Modbus 协议、DNP3 协议、IEC 104 协议等工业协议的工业防火墙，提供对 Modbus 协议、DNP3 协议、IEC 104 协议的黑名单防护及协议完整性、协议格式、功能码和协议深度过滤（寄存器检查）的白名单防护，并能在不中断黑名单防护的情况下对正常操作中所允许的协议格式及功能码进行智能学习。

（8）支持 OPC 协议的工业防火墙。提供了 OPC 动态端口防护及 OPC 连接日志。

（9）对访问权限的限定。提供了对可访问 IP 地址、TCP 端口、UDP 端口的限定及对 ICMP 访问权限的限定。

（10）对常见网络攻击的防护。提供了对 TCP 洪水式攻击、UDP 洪水式攻击、ICMP 洪水式攻击、LAND 攻击、各种 TCP 端口扫描、各种 UDP 端口扫描、IP 碎片攻击、各种非正常格式报文的防护。

（三）与传统防火墙的区别

（1）可对工业协议进行指令集解析。工业防火墙可对常用的工业协议进行解析。以 Modbus 为例，传统防火墙只能解析到传输层，对于传输的内容、工作协议等无法识别，防护方式只能做到五元组，难以抵御欺骗攻击，但工业防火墙可以对工业协议的报文头、功能码以及数据段、检验位进行解析，因而可采取多方位、精确的安全防护策略。

（2）高可用性设计。由于工业控制系统的高可靠性要求，作为串接的工业防火墙不能因为自身的故障造成网络中断而影响生产的正常运行，所以工业防火墙通常设计硬件 Bypass（旁路）功能。

（3）环境要求。工业防火墙通常部署在工业现场，因而需要一定的环境适应能力，如防尘、防水、防电磁及宽的温度适应范围，同时需要电源的冗余设计以及对工业现场电压等级的适应，如直流 24 V 或防爆要求等。

（四）工业防火墙安装

工业防火墙安装包括本体安装和电源接线两个步骤。

1. 工业防火墙本体安装

工业防火墙本体硬件主要有两种安装方法。

（1）DIN 导轨安装。安装时，先将 DIN 导轨固定在控制柜中，然后将工业防火墙卡紧在导轨指定位置上。

（2）机架安装。先用螺钉将两个安装支架固定到工业防火墙的侧面，然后将工业防火墙放在所需位置，并拧紧其与机架之间的连接螺钉。

2. 工业防火墙电源接线

工业防火墙一般有直流 24 V 供电或交流 220 V 供电两种供电方式。直流供电时，将来自直流电源正负极的电缆分别接到工业防火墙的电源正负极端子；交流供电时，将来自交流电源的电缆接到工业防火墙的交流电源插座中。

二、工业网闸

（一）网络隔离技术

网络隔离技术是网络安全技术的一个大类，是把两个或者两个以上可路由的网络（如 TCP/IP）通过不可路由的协议（如 IPX/SPX、NetBEUI 等）进行数据交换而达到隔离目的。其主要原理是使用不同的隔离协议，因此也叫协议隔离。

网络隔离的主要目的是将有害的网络安全威胁隔离开，以保障数据信息在可信网络内进行安全交互。一般的网络隔离技术以访问控制思想为策略，以物理隔离为基础，并定义相关约束和规则来保障网络的安全强度，用于实现不同安全级别网络之间的安全隔离，并提供适度可控的数据交换技术。

目前采用的隔离方法主要有物理隔离、网络隔离、安全隔离三类。其中，物理隔离是通过一定软、硬件方法使得访问内、外网的设备、线路、存储均相对独立，网络隔离是利用协议转换进行网间的数据交换，安全隔离是利用专用设备实现仅在应用层进行数据交换。

随着工业化与信息化的深度融合，APT 攻击、勒索病毒等网络安全威胁正逐步对工业控制系统造成极大的安全风险隐患，通用网络安全隔离与信息交换系统在面对工业控制系统的安全防护时显得力不从心。因此，需要一种能应用于工业控制环境的网络安全隔离与信息交换系统对工业控制系统进行安全防护。

（二）工业网闸概念

工业控制网络安全隔离与信息交换系统，亦可简称为工业网闸，如图 4–1 所示，是部署于工业控制网络中不同的安全域之间，采用协议隔离技术实现两个安全域之间访问控制、协议转换、内容过滤和信息交换等功能的产品。

图 4–1　工业网闸

工业控制网络安全隔离与信息交换系统，通常部署在工业控制网络边界，保护的资产为工业控制网络；或者部署在生产管理层与过程监控层之间，保护的资产为过程监控层网络及现场控制层网络。此外，工业控制网络安全隔离与信息交换系统本身及其内部的重要数据也是受保护的资产。

工业控制网络安全隔离与信息交换系统一般以两主机加专用隔离部件的方式组成，即由内部处理单元、外部处理单元和专用隔离部件组成。其中，专用隔离部件既可以是采用包含电子开关并固化信息摆渡控制逻辑的专用隔离芯片构成的隔离交换板卡，也可以是经过安全强化的，运行专用信息传输逻辑控制程序的主

机。工业控制网络安全隔离与信息交换系统中的内、外部处理单元通过专用隔离部件相连，专用隔离部件是两个安全域之间唯一的可信物理信道。该内部信道裁剪了 TCP/IP 等公共网络协议栈，采用私有协议实现公共协议隔离。专用隔离部件通常有两种实现方式：一是采用私有协议以逻辑方式实现协议隔离和信息传输；二是采用一组互斥的分时切换电子开关实现内部物理信道的通断控制，以分时切换连接方式完成信息摆渡，从而在两个安全域之间形成一个不存在实时物理连接的隔离区。

（三）工业网闸安全功能要求

1. 访问控制

（1）基于白名单的访问控制。产品应采用白名单的访问控制策略，即非访问控制策略明确允许的访问，需默认禁止。

（2）网络层访问控制。产品应支持基于源 IP、源端口、目的 IP、目的端口、传输层协议等要求进行访问控制。

（3）应用层访问控制。支持 HTTP、FTP、TELNET 等应用的识别与访问控制；至少支持一种工业控制协议的访问控制。

（4）工业控制协议深度检查。产品应支持对工业控制协议内容进行深度分析和访问控制：对所支持的工业控制协议进行协议规约检查，明确拒绝不符合协议规约的访问；应支持对工业控制协议的操作类型、操作对象、操作范围等参数进行访问控制等。

2. 协议隔离

所有主客体之间发送和接收的信息流均执行网络层协议剥离，还原成应用层数据，在两机之间以非 TCP/IP 的私有协议格式传输。

3. 残余信息保护

在为所有内部或外部网络上的主机连接进行资源分配时，安全功能应保证其分配的资源中不提供以前连接活动中所产生的任何信息内容。

4. 不可旁路

在与安全有关的操作（如安全属性的修改、内部网络主机向外部网络主机传送信息等）被允许执行之前，安全功能应确保其通过安全功能策略的检查。

5. 抗攻击

产品应具备抵御 SYN 洪水式攻击、UDP 洪水式攻击、ICMP 洪水式攻击、Ping of Death 攻击等典型拒绝服务攻击能力。

（四）与通用网闸的区别

工业控制环境的网络安全隔离与信息交换系统，相比于通用网络安全隔离与信息交换系统的最大区别在于能识别和规律工业通信协议，其主要差异体现在以下几点。

（1）通用网络安全隔离与信息交换系统除了需具备基本的五元组过滤功能外，还需要具备一定的应用层过滤防护能力。用于工业控制环境的网络安全隔离与信息交换系统，除了具有通用网络安全隔离与信息交换系统的部分通用协议应用层过滤能力外，还需要具有对工业控制协议应用层的过滤能力。

（2）结合工业控制环境中当前的信息安全防护技术水平，以及信息安全防护不得影响系统功能的正常运行的要求，通用网络安全隔离与信息交换系统所要求的强制访问控制要求还不能够适应于工业控制环境。

（3）工业控制环境下的网络安全隔离与信息交换系统，比通用网络安全隔离与信息交换系统具有更高的可用性、可靠性、稳定性等要求。

（五）工业网闸安装

工业网闸安装包括本体安装和电源接线两个步骤。

1. 工业网闸本体安装

工业网闸本体硬件主要以机架安装为主。先用螺钉将两个安装支架固定到工业网闸的侧面，然后将工业网闸放在所需位置，并拧紧其与机架之间的连接螺钉。

2. 工业网闸电源接线

工业网闸一般以交流 220 V 供电为主。将来自交流电源的电缆接到工业网闸的交流电源插座中。

第二节　安全防护设备与工厂网络集成

考核知识点及能力要求：

- 了解访问控制列表等常规安全策略知识；
- 了解虚拟专用网络知识；
- 能够根据网络安全设计方案，将工业防火墙、网闸等安全设备集成到工厂网络中；
- 能够根据网络安全设计方案，配置安全设备的常规安全策略，实现对工厂内网中控制系统、工业设备等的基本安全防护；
- 能够根据网络安全设计方案，配置安全设备，实现采集的数据到云平台的安全传输；
- 能够完成工厂内网安全防护策略及采集的数据到云平台安全传输的测试验证。

一、工业防火墙安全防护配置

（一）网络配置

工业防火墙的网络配置主要包括虚拟局域网 VLAN 划分、子网网关配置和路由配置三个方面。

1. VLAN 划分

在简单的工业网络架构中，可以基于端口的 VLAN 划分，把连接外网或工厂 IT 网络的端口划分到一个 VLAN，把连接工厂生产管控网络的端口划分为其他 VLAN。

2. 子网网关设置

为连接外网或工厂 IT 网络的子网设置网关 IP 地址、子网掩码等信息，为连接工厂生产管控网络的子网设置网关 IP 地址、子网掩码等信息。

3. 路由配置

对于简单的网络架构，可以通过配置静态路由实现不同子网之间的通信，以及工厂生产管控网络与工厂外网或工厂 IT 网络的通信。

（二）安全域配置

1. 安全域概念

安全域（Security Zone）是一个逻辑概念，用于管理设备上安全需求相同的多个接口。管理员将安全需求相同的接口进行分类，并划分到不同的安全域，能够实现安全控制策略的统一管理。

管理员创建安全域后，可以给安全域添加多个成员。成员的类型包括二层物理接口加虚拟局域网 VLAN、三层物理接口、三层以太网子接口和其他三层逻辑接口。

配置安全域后，设备上各接口的报文转发遵循以下规则。

（1）一个安全域中的接口与一个不属于任何安全域的接口之间的报文会被丢弃。

（2）属于同一个安全域的各接口之间的报文，缺省会被丢弃。

（3）安全域之间的报文由安全策略进行安全检查，并根据检查结果放行或丢弃。若安全策略不存在或不生效，则报文会被丢弃。

（4）非安全域的接口之间的报文会被丢弃。

（5）目的地址或源地址为本机的报文，缺省会被丢弃。若该报文与安全策略匹配，则由安全策略进行安全检查，并根据检查结果放行或丢弃。

2. 安全域配置

通用安全域配置步骤如下。

（1）创建安全域。在缺省 Context 下创建的安全域属于缺省 Context。如果要配置非缺省 Context 的安全域，则需要先创建对应的 Context，然后再进入该 Context 的系统视图创建安全域。

（2）向安全域中添加成员。创建安全域后，需要给安全域添加成员。安全域的成

员类型包括：①三层接口，包括三层以太网接口、三层以太网子接口和其他三层逻辑接口。配置该成员后，该接口收发的所有报文将由对应的安全控制策略来处理。②二层接口和 VLAN。配置该成员后，该接口收发的携带有指定 VLAN Tag 的报文，将由对应的安全控制策略来处理。

（3）创建安全域间实例。安全域间实例用于指定安全控制策略（如应用层报文过滤策略等）需要检测的业务流的源安全域和目的安全域，它们分别描述了经过网络设备的业务流的首个数据包要进入和离开的安全域。在安全域间实例上应用安全控制策略，可实现对指定的业务流进行安全控制策略检查。

（4）配置安全域内接口间报文处理的缺省动作。对于同一安全域内接口间的报文，若设备上不存在当前域到当前域的安全域间实例，设备缺省会将其丢弃。可以通过配置安全域内接口间报文处理的缺省动作允许或拒绝其通过。

（三）白名单配置

1. 白名单技术概述

白名单是一个列表或实体的注册表，这些实体被赋予了特别的操作服务、移动性、接入和认可。在列表上的实体是可以被接收、获准或认可的。与白名单相反，黑名单是确定被拒绝、不被承认和被排斥的实体列表。

白名单技术有以下几点优势。

（1）一般情况下，白名单比黑名单限制的用户要更多，以抵御“零日”漏洞攻击和其他有针对性的攻击，因为在默认情况下任何未经批准的软件、工具和进程都不能在终端上运行。如果恶意软件试图在启用了白名单的端点进行安装，白名单技术会判断这不是可信进程并拒绝其运行。

（2）可用于提供报警。例如，用户无意间安装了恶意程序或文件，白名单可以检测到这种非法行为并给出警示，让安全人员立即采取行动。

（3）可以提高工作效率，并保持系统以最佳性能运作。例如，支持人员可能会收到用户对系统运行缓慢的投诉，经过调查后发现间谍软件已经进入端点，正在吞噬内存和处理器功耗，支持人员就可以立即采取行动。

（4）白名单技术可以对正在运行的应用、工具和进程提供对系统的全面可视性，如果相同、未经授权的程序试图在多个端点运行，这些数据可用于追踪攻击者的路径。

（5）可以帮助抵御高级内存注入攻击。该技术可以验证内存中运行的所有经批准的进程，并确保这些进程在运行时没有被修改，从而抵御高级内存漏洞利用。

（6）高级攻击通常涉及操纵合法应用。当这种高级攻击涉及内存违规、可疑进程行为、配置更改或操作系统篡改时，白名单技术可以识别并发出报警。

虽然白名单技术有以上明显优势，但其也有一定的局限性，例如，授权 IP 可能会发送非法交易、授权的端口可以转换非法协议的数据、授权的功能代码可以传播病毒等。这些都是白名单技术自身无法克服的。因此，只有白名单结合黑名单的做法才是更完备的防御方式。

2. 白名单配置

通用白名单配置步骤如下。

（1）登录控制中心。打开 Web 浏览器，使用 HTTPS 协议在地址栏输入控制中心地址和端口。

（2）设置文件白名单，病毒查杀时忽略该文件。

（3）设置目录白名单，病毒查杀时忽略该目录及子目录下的文件。

（4）设置文件哈希白名单，病毒查杀时忽略哈希匹配的文件。

（5）设置文件签名证书白名单，病毒查杀时忽略特定证书签名的文件。

（四）虚拟专用网配置

1. 虚拟专用网 VPN 概述

（1）虚拟专用网定义及特点。虚拟专用网（Virtual Private Network，VPN）技术是一种采用加密、认证等安全机制，在公共网络基础设施上建立的安全、独占、自治的逻辑网络技术。它不仅可以保护网络的边界安全，而且是一种网络互联的方式。

VPN 是通过利用接入服务器、路由器及 VPN 专用设备，采用隧道技术以及加密、身份认证等方法，在公共的广域网上构建的专用网络。在虚拟专用网上，数据通过安全的“加密隧道”在公众网络上传播。

与其他网络技术相比，VPN 具有容易扩展、方便与合作伙伴联系、完全控制主动权、成本较低等特点。

（2）VPN 分类。按照应用模式，VPN 可分为远程访问虚拟专用网（Access VPN）、企业内部虚拟专用网（Intranet VPN）和企业扩展虚拟专用网（Extranet VPN）三类。这三种类型的虚拟专用网与传统的远程访问网络、企业内部网以及企业网和相关合作伙伴的企业网所构成的网相对应。

按构建者所采用的安全协议分类，每一种安全协议都可以对应一类 VPN。目前比较流行并被广泛使用的主要有 IPSec VPN、MPLS VPN（多协议标记交换 VPN）、L2TP VPN（第二层隧道协议 VPN）和 SSL VPN（安全套接字层协议）。其中，IPSec VPN 是目前应用最广泛的 VPN 之一，它利用 IPSec 的优势，不仅有效地解决了利用公共 IP 网络互联的问题，而且具有很高的安全性。SSL VPN 是一种新兴的 VPN，它能提供与 IPSec 相近似的安全性。

（3）VPN 关键技术。VPN 是由特殊设计的硬件和软件直接通过共享的基于 IP 的网络建立起来的，它以交换和路由的方式工作。隧道技术把在网络上传送的各种类型数据包提取出来，按照一定的规则封装成隧道数据包，然后在网络链路上传输。在 VPN 上传输的隧道数据包经过加密处理，具有与专用网络相同的安全和管理的功能。

VPN 采用的关键技术主要包括加密技术、安全隧道技术、用户身份认证技术和访问控制技术。

2. VPN 配置

以 SSL VPN 为例，VPN 配置步骤如下。

（1）配置 SSL VPN 网关。SSL VPN 网关位于远端接入用户和企业内部网络之间，负责在两者之间转发报文。SSL VPN 网关与远端接入用户建立 SSL 连接，并对接入用户进行身份认证。远端接入用户的访问请求只有通过 SSL VPN 网关的安全检查和认证后，才会被 SSL VPN 网关转发到企业网络内部，从而实现对企业内部资源的保护。

（2）配置 SSL VPN 访问实例。SSL VPN 访问实例用来管理用户会话、用户可以访问的资源、用户认证方式等。

执行本配置时需要注意：①不同的 SSL VPN 访问实例引用相同的 SSL VPN 网关

时，必须为不同的 SSL VPN 访问实例指定不同的域名或虚拟主机名。②如果 SSL VPN 访问实例引用 SSL VPN 网关时没有指定域名和虚拟主机名称，那么其他的 SSL VPN 访问实例就不能再引用该 SSL VPN 网关。③如果为 SSL VPN 访问实例指定了虚拟主机名称，则需要在网络中部署 DNS 服务器，以便客户端将虚拟主机名称解析为 SSL VPN 网关的 IP 地址。

（3）配置策略组。策略组包含一系列规则，这些规则为用户定义了资源的访问权限。

一个 SSL VPN 访问实例下可以配置多个策略组。远端接入用户访问 SSL VPN 访问实例时，AAA 服务器将授权给该用户的策略组信息下发给 SSL VPN 网关。该用户可以访问的资源由授权的策略组决定。如果 AAA 服务器没有为该用户进行授权，则用户可以访问的资源由缺省策略组决定。

（4）创建 TCP 接入服务资源。为了使用户能够通过 TCP 接入方式访问企业内网资源，SSL VPN 网关上需要创建 TCP 接入服务资源，创建方法为：①在 SSL VPN 访问实例中定义 TCP 接入方式可访问的资源，即创建端口转发列表，并在端口转发列表中定义一个或多个端口转发实例。端口转发实例将企业网内基于 TCP 的服务（如 Telnet、SSH、POP3）映射为客户端上的本地地址和本地端口，以便客户端通过本地地址和本地端口访问企业网内的服务器。②在 SSL VPN 策略组视图下引用端口转发列表。SSL VPN 用户被授权访问某个策略组后，该策略组引用的端口转发列表指定的 TCP 接入服务将同时授权给 SSL VPN 用户，SSL VPN 用户可以访问这些 TCP 接入服务。

（5）创建 IP 接入服务资源。为了使用户能够通过 IP 接入方式访问企业内网资源，SSL VPN 网关上需要创建 IP 接入服务资源，创建方法为：①创建 SSL VPN AC 接口，为其配置 IP 地址，并指定 SSL VPN 访问实例引用的 SSL VPN AC 接口。②创建地址池，并在 SSL VPN 策略组视图下指定策略组引用的地址池。AAA 服务器将某个策略组授权给 SSL VPN 用户后，SSL VPN 网关会从该策略组引用的地址池中选择 IP 地址分配给客户端。③在 SSL VPN 策略组视图下配置下发给客户端的路由表项。AAA 服务器将某个策略组授权给 SSL VPN 用户后，SSL VPN 网关会将该策略组下配置的路由表项下

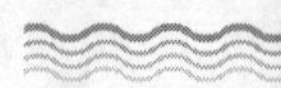

发给客户端。④管理员还可以在 SSL VPN 网关上配置保活报文的发送时间间隔、为客户端指定的内网 DNS 服务器地址和内网 WINS 服务器地址。

需要注意的是，为了使内部服务器的应答报文正确返回给 SSL VPN 客户端，在内部服务器上需要配置到达 SSL VPN 客户端虚拟网卡所在网段的静态路由。

（6）为移动客户端指定 EMO 服务器。EMO 服务器用来为移动客户端提供服务。执行本命令后，SSL VPN 网关会将配置的 EMO 服务器信息下发给客户端，以便移动客户端通过 EMO 服务器获取可以访问的服务资源。

（7）配置 SSL VPN 支持 VPN 实例。

配置 SSL VPN 访问实例关联 VPN 实例。为了使用户能够访问 VPN 实例内的服务器资源，除了进行本配置外，还需要进行如下配置：①创建 VPN 实例。② SSL VPN 网关设备连接企业网内部服务器的接口上绑定该 VPN 实例。③对于 IP 接入方式，还需要在 SSL VPN 访问实例引用的 SSL VPN AC 接口上绑定该 VPN 实例。

配置 SSL VPN 网关所属的 VPN 实例。为了使用户可以访问 VPN 实例内的 SSL VPN 网关，除了进行本配置外，还需要进行如下配置：①创建 VPN 实例。② SSL VPN 网关设备连接用户的接口上绑定该 VPN 实例。

（8）配置 HTTP 重定向。缺省情况下，SSL VPN 网关只允许用户以 HTTPS 方式登录访问，不允许用户以 HTTP 方式登录访问。配置 HTTP 重定向功能后，SSL VPN 网关将监听指定的端口号，并把指定端口号的 HTTP 流量重定向到 HTTPS 的 443 端口，向客户端发送重定向报文，让客户端重新以 HTTPS 方式登录。

（9）配置页面定制。管理员可以根据需要对 SSL VPN 页面进行定制。

（10）开启 SSL VPN 日志功能。开启 SSL VPN 日志记录功能后，用户上线和下线时，SSL VPN 网关会记录日志信息。生成的日志信息将被发送到设备的信息中心，通过设置信息中心的参数，决定日志信息的输出规则（即是否允许输出以及输出方向）。

二、工业防火墙与工厂网络集成

工业防火墙一般可部署在工业控制网络与工业生产管理网络的边界、工厂内网与工厂外网的边界、工业控制网络的不同安全区域间，如图 4–2 所示。按照工业防火墙网络集成设计方案，用工业以太网线缆将 PLC、交换机等与工业防火墙的指定端口连接。

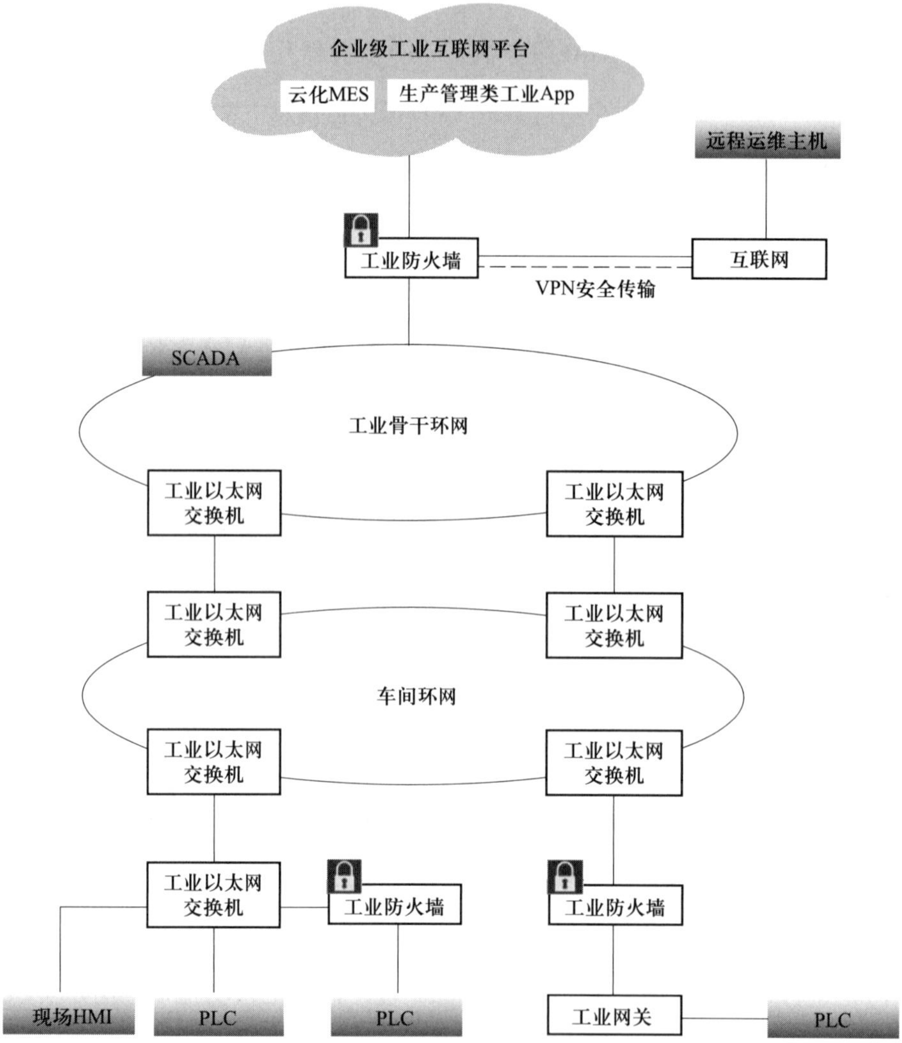

图 4–2　工业防火墙在工厂内网中的集成

部署在工业控制网络与工业生产管理网络边界的工业防火墙过滤两层级间的数据交换，阻止攻击者基于管理网络向工业控制网络发起攻击。工业防火墙可将工业控制网络分成不同的安全区域，并控制安全区域之间的访问，深度过滤各区域间的流量数据，以阻止区域间安全风险的扩散。部署在工厂内网与工厂外网边界的防火墙，一方

面对来自工厂外网的数据进行过滤，另一方面可以建立工厂内网与外网的 VPN 安全传输通道，使得远程运维主机与工厂内网设备进行安全连接。此外，工业网关采集到 PLC、工业设备数据后，可应用 VPN 建立工业网关与企业级工业互联网平台或公网中工业互联网平台之间的安全数据传输通道。

将工业防火墙集成到工业网络中后，需要对配置的工业防火墙功能进行测试，如白名单测试、VPN 功能测试等。

1. 白名单测试

根据工业防火墙安全防护策略设计，对 IP 地址访问策略、协议访问策略等进行测试，包括对工业控制网络不同安全区域之间的安全策略测试。

2. VPN 功能测试

根据工业防火墙安全防护策略设计，对工业网关到工业互联网平台之间建立的 VPN 安全传输通道进行测试，对远程维护主机与工厂内网之间建立的 VPN 安全传输通道进行测试。

三、工业网闸配置

工业网闸支持 OPC、Modbus DNP3 等多种工控协议，能解决工控场景网络隔离和数据摆渡的问题，同时可对工控协议的具体指令、动作进行黑白名单处理，保障工控场景下工控协议可控的跨网摆渡。工业网闸的工控模块主要包括客户端、服务端和白名单。

（一）客户端配置

配置客户端监听任务，主要包括如下步骤。

1. 添加客户端

（1）填写任务号，即任务编号。

（2）配置工业协议，包括 Modbus、OPC 等。

（3）配置监听地址，选择工业网闸连接客户端所需的本地网络物理接口地址。

（4）设置监听端口，即客户端本地监听端口。

（5）添加白名单，即引用已经添加的白名单条目。

2. 为已添加的任务添加访问控制策略

（1）源 IP。添加禁止访问的源 IP 或者网段。

（2）源端口。添加禁止访问的源端口。

（3）目的 IP。添加禁止访问的目的 IP 或者网段。

（4）目的端口。添加禁止访问的目的端口。

（二）服务端配置

（1）配置任务号。

（2）配置协议，包括 Modbus、OPC 等。

（3）配置模式，包括代理和透明模式。

（4）配置服务地址，即实际服务器地址，如 OPC 服务器的 IP 地址。

（5）服务端口，即实际服务器端口，如 OPC 服务器端口。

（三）白名单配置

以 Modbus 白名单和 OPC 白名单为例简要介绍。

1. Modbus 白名单配置

（1）策略名称。配置白名单策略名称。

（2）功能码。配置 Modbus 功能码。

（3）起始地址。配置 Modbus 功能码起始地址。

（4）结束地址。配置 Modbus 功能码结束地址。

2. OPC 白名单配置

（1）策略名称。配置白名单策略名称。

（2）接口名称。配置 OPC 协议接口名称。

（3）方法名称。配置 OPC 协议的方法名称。

四、工业网闸与工厂网络集成

工业网闸是实现工业网络环境中不同安全级别网络之间数据安全交换的隔离系统。工业网闸集成安全的私有协议摆渡通道，具备内、外网物理隔离功能，可在实现 HTTP、FTP、SMTP、POP3 等 IT 协议透传的同时，内置丰富的工控协议库，支持

OPC、Modbus-TCP 等工控协议深度解析，有效防止黑客攻击、恶意代码和病毒渗入，实现网间安全隔离和信息交换。

工业网闸采用“双主机 + 隔离卡”架构，使用私有协议摆渡，确保内外网在任何时候无联通的电气连接，剥离 TCP/IP 协议栈，实现网络的高安全隔离。实现基于白名单的工业协议指令级深度防护，可对工控协议的“完整性”“功能码”“地址范围”和“工艺参数范围”进行深度解析和过滤。

工业网闸一般部署在工业控制网络与生产管理网络之间，如图 4-3 所示。当工业网闸集成到工业网络中后，根据工业网闸对工控安全的防护策略设计对工业网闸在 OPC、Modbus-TCP 等工控协议过滤的功能进行测试。

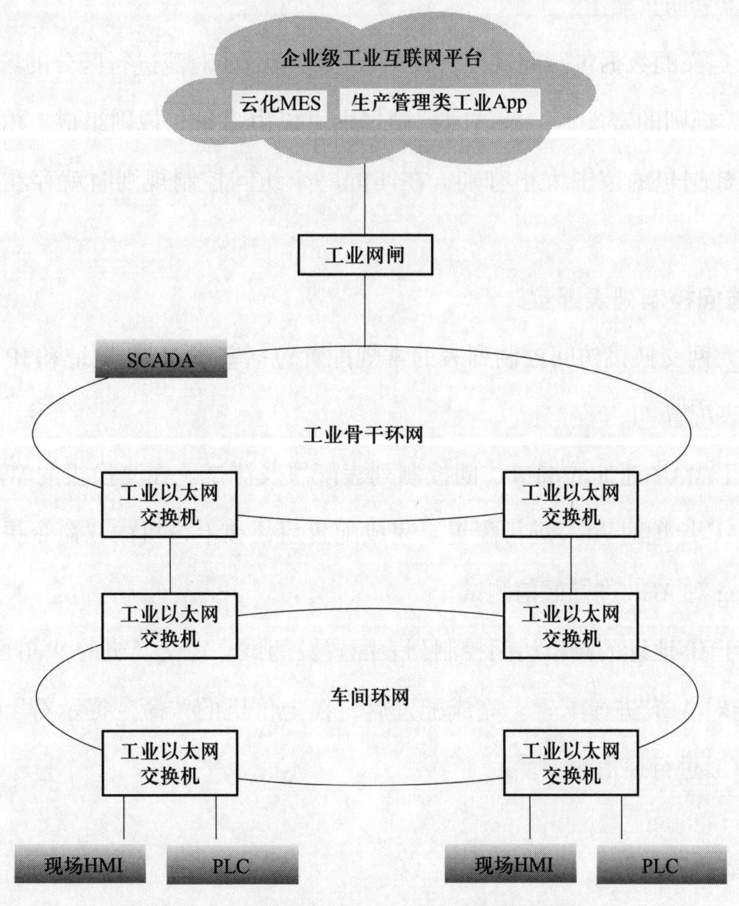

图 4-3　工业网闸在工厂内网中的集成部署

五、工业以太网交换机访问控制列表配置

网管型工业交换机一般集成访问控制列表功能，实现对通过工业交换机的数据进行过滤。

（一）访问控制列表概念

访问控制列表（Access Control List，ACL）是包过滤技术的核心内容，通过获取IP数据包的包头信息，包括IP层所承载的上层协议的协议号，数据包的源地址、目的地址、源端口号和目的端口号等，然后与设定的规则进行比较，根据比较的结果对数据包进行转发或者丢弃，达到提高网络安全性能的目的。访问控制列表可以应用在交换机、路由器和防火墙上。

由ACL定义的数据包匹配规则，还可以被其他需要对流进行区分的场合引用，如QoS中流分类规则的定义。一条访问控制规则可以由多条子规则组成。由于每一条子规则指定的数据包的范围大小有别，在匹配一个访问控制规则时就存在匹配顺序的问题。

（二）访问控制列表配置

工业以太网交换机访问控制列表的常规配置包括基于MAC地址和IP地址的端口访问控制列表配置。

（1）基于MAC地址的端口访问控制列表配置及测试。在交换机的Web配置界面中，基于MAC地址对ACL进行配置。完成配置后，在上位机的“命令提示符”环境中，使用ping对ACL进行通信测试。

（2）基于IP地址的端口访问控制列表配置及测试。在交换机的Web配置界面中，基于IP地址对ACL进行配置。完成配置后，在上位机的“命令提示符”环境中，使用ping对ACL进行通信测试。

思考题

1. 什么是工业防火墙？工业防火墙与传统防火墙有什么区别？

2. 什么是工业网闸？工业网闸与通用网闸有什么区别？

3. 什么是安全域?

4. 白名单技术有哪些优势?

5. 什么是 VPN ? VPN 有哪些分类?

6. 什么是 ACL ?

第五章 网络互联运维

工业网络的稳定运行是工业生产的重要基础。对网络进行运行维护，并保证在发生网络故障之后能够精确定位故障出现的原因及位置、快速地排除故障，这对相关管理以及维护人员来说有一定的难度，因而需要深入了解常见工业网络故障类型和常见网络故障处理方法，并合理应用于实践中，把繁杂的网络故障情况分解或缩减排错范围，进而快速完成网络故障的恢复。

- **职业功能：**网络互联运维。
- **工作内容：**对工业网络设备进行维护，并对工业网络常见故障进行处理。
- **专业能力要求：**能利用网络测试工具、网络指令测试工业网络的通信质量；能完成工业网络设备硬件维护，如固件升级；能判断工业网络设备及链路常见故障并进行恢复；能应用网络管理软件监控工业网络及工业现场与工业互联网平台之间的网络状态。
- **相关知识要求：**常见工业网络故障类型知识；常见网络故障处理方法。

第一节　工业网络通信质量测试

考核知识点及能力要求：

- 能够利用网络测试工具、网络指令测试工业网络的通信质量。

一、工业网络通信指标

工业网络通信需求主要包括实时性、确定性、可用性等，具体指标包括时延、抖动、带宽、丢包率、网络重构时间等。

实时性是指端到端的数据传输的时延大小。时延是指一个报文或分组从网络的一端传送到另一端所耗费的时间，时延由节点处理时延、排队时延、发送时延、传播时延组成，常规工业控制网络时延在 100 ms 左右。

确定性是指在确定的时间范围内完成端到端的数据传输。由于网络堵塞、传输干扰等原因导致的抖动会导致工业网络传输的确定性下降。抖动是指偏离预期的时延，即不稳定的时延。网络抖动 = 最大时延 – 最小时延。运动控制网络对确定性要求最为苛刻，数据报文周期最小可达到 0.5 ms，在 100 个节点下，抖动要小于 1 μs。

可用性是指当网络设备或通信链路出现故障时，能够自动通过冗余链路继续传输数据的能力。车间网络重构恢复时间一般不超过 300 ms。

当需要将车间内用于质检、安全生产监控等视频数据流传输到企业级工业互联网平台时，车间网络才有大带宽的需求。带宽基本单位为“比特”，简写为小写字母“b”。

丢包率是指丢失数据包数量占总发出数据包数量的比率。丢包率反映出通信主机两端之间网络传输的稳定性。丢包率越大，说明稳定性越差。

二、工业网络通信质量测试

（一）用 ping 命令测试网络通信质量

以工厂控制中心主机与生产现场 PLC 之间通信质量测试为例，控制中心主机 ping 产线 PLC 的 IP 地址，可以测量出二者数据传输时延、丢包率。其中，“时间”为控制中心主机与生产现场 PLC 之间数据传输往返时间，为两者端到端时延的两倍。时延越大，说明两者通信质量越差。

（二）工业无线局域网通信质量测试

使用工业无线设备的信号记录功能，能够查看工业无线局域网通信质量，如图 5-1 所示。配置两次测量之间的时间间隔，如 500 ms。可以启用循环模式，长周期测量，直到手动停止或设备重新配置才会停止记录。图 5-1 上部分显示的是客户端（Client）的信号强度，中部分显示的是接入点（AP）的信号强度。从该示例可以看出，当前客户端和接入点的信号强度属于中等。

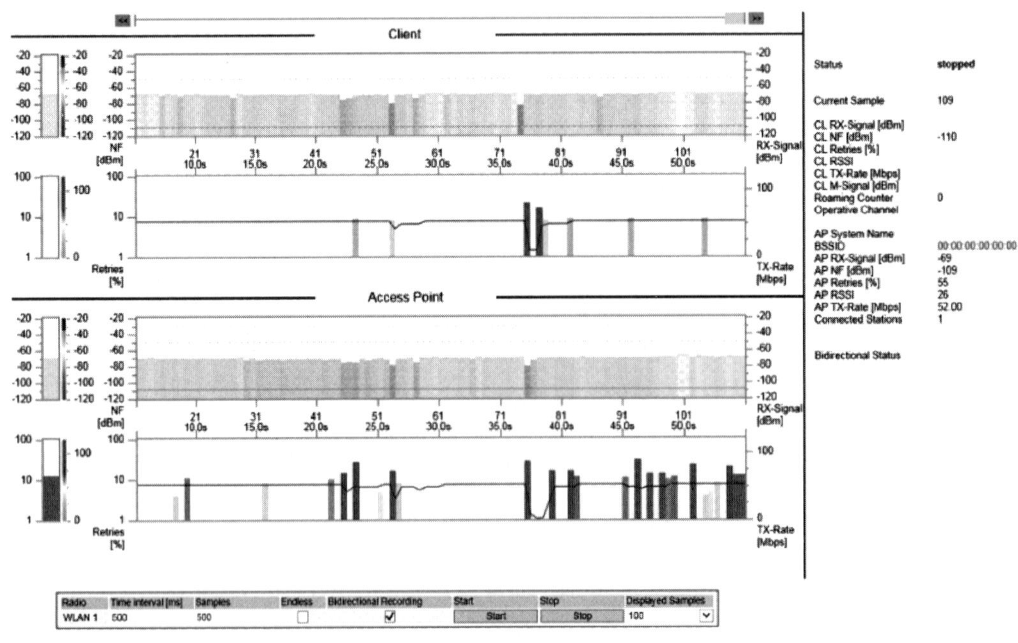

图 5-1　工业无线局域网通信质量测试示例

图 5-1 下部分曲线显示出无线通信传输速率。如果数据速率太低，可能是由信号质量不佳导致的，例如可能有干扰源接近。无线电环境（如周边蓝牙应用、其他 WLAN 应用等）需要使用频谱分析仪来查看。工业无线局域网设备集成的频谱分析功能一般无法代替专业的频谱分析仪。频谱分析也可以用来在选择信道前检查现场是否存在干扰，干扰的强度、密度如何。

第二节　工业网络设备维护

考核知识点及能力要求：

- 能够完成工业网络设备维护，如固件升级。

一、工业以太网交换机维护

（一）工业以太网交换机日常维护

1. 使用 SNMP 监视工业以太网交换机状态

在网管型工业以太网交换机中启用简单网络管理协议（Simple Network Management Protocol，SNMP）后，工业网络网管软件就能利用 SNMP 对工业以太网交换机的状态进行监控。工业以太网交换机通过管理信息库（Management Information Base，MIB）收集并存储管理信息，工业网络管理系统通过 SNMP 获得这些信息。

2. 工业以太网交换机固件升级

不同厂商的工业以太网交换机固件升级方法不同，一般包括如下步骤。

（1）下载最新版本的固件；

（2）使用 TFTP 将新固件下载到设备中；

（3）通过指令启动设备固件升级；

（4）重新启动设备。

3. 监控工业以太网交换机软硬件状态

使用网管型工业以太网交换机的软硬件监视功能，监视设备 CPU、内存的状态、使用率以及设备的温度。

4. 故障监视

（1）电源监视。当所监视的电源线路（电源 1 或电源 2）未通电或所施加的电压过低时，消息系统将发出故障信号。

（2）链路变化监视。当端口上应当有链路但链路缺失时，当端口上不应有链路却检测到链路时，消息系统将发出故障信号。

故障将触发信号触点，使设备上的故障 LED 亮起。而且，根据组态，故障可触发陷阱、电子邮件或事件日志表中的条目。

（二）工业以太网交换机常见故障及处理

工业交换机在运行过程中出现故障是不可避免的，但出现故障后应当迅速地进行处理，尽快查出故障点，排除故障。下面对工业以太网交换机常见的故障类型及分析排查的方法进行简要介绍。

1. 电源故障

由于外部供电不稳定或电源线路老化等原因导致电源损坏，导致交换机不能正常工作。如果交换机面板上的 POWER 指示灯是绿色的，就表示是正常的；如果该指示灯灭了，则说明交换机没有正常供电。

针对这类故障，首先应该做好外部电源的供应工作。一般地，通过引入独立的电力线来提供独立的电源，并添加稳压器来避免瞬间高压或低压现象。

2. 端口故障

端口故障是指光纤端口、RJ-45 端口出现硬件故障，不能提供正常通信功能。

一般情况下，端口故障是某一个或者几个端口损坏。在排除端口所连的设备故障后，可以通过更换连接端口来判断当前端口是否损坏。如果端口确实已损坏，则需要

更换端口完成原端口的通信功能。

二、工业无线局域网设备维护

（一）工业无线局域网设备日常维护

1. 使用 SNMP 监视工业以太网交换机状态

工业无线局域网设备一般也支持 SNMP 功能，用于工业网络网管软件利用 SNMP 对工业无线局域网设备状态进行监控。

2. 工业无线局域网设备固件升级

工业无线局域网设备同样可利用 TFTP 进行固件升级，主要步骤如下。

（1）在工业无线局域网设备固件升级相关页面输入 TFTP 服务器的 IP 地址；

（2）输入 TFTP 服务器的端口；

（3）配置固件文件的存储位置；

（4）将固件文件载入到设备；

（5）重启设备。

3. 故障监视

（1）电源监视。当所监视的连接（电源线路 1、电源线路 2 或 PoE）未通电或所施加的电压过低时，消息系统将发出故障信号。

（2）链路变化监视。当端口上应当有链路却已缺失或者当端口上不应有链路却检测到链路时，则发出错误信号。

如果出现故障，设备的错误 LED 将点亮。此外，故障信息将记录到日志表中。

（二）工业无线局域网设备常见故障及处理

与工业以太网交换机类似，工业无线局域网设备常见故障也包括电源故障和端口故障。此外，工业无线局域网设备还存在接收功率过高的故障。

工业无线局域网设备输入端接收的功率过高会使放大器电路过载。当设备上接收的功率大于一定值时，则可能导致通信中断。

工业无线局域网设备输入信号的功率受以下因素影响。

（1）工业无线局域网设备之间的距离；

（2）部分建筑物的电磁波反射；

（3）“最大发射功率”的设置以及所使用天线的设置。

如果通信由于信号强度过高而中断，可以通过以下方式消除问题。

（1）增加工业无线局域网设备之间的距离；

（2）适当设置降低与该工业无线局域网设备互联的其他工业无线局域网设备的发射功率。

第三节　工业网络常见故障及处理

考核知识点及能力要求：

- 了解常见工业网络故障类型知识；
- 了解常见工业网络故障处理方法。

一、网络故障处理的目的

网络故障检测与处理是一门综合性技术，涉及网络技术的方方面面。网络故障检测需要实现下列三个目标。

（1）寻找故障的位置，实现网络的正常运行；

（2）对网络进行合理规划以及配置，提高网络的各项性能；

（3）根据网络状况，对网络的通信质量进行合理预测。

网络管理人员应掌握网络故障检测与排除的基本方法。当网络故障出现时，应能第一时间找出故障出现的准确位置；将故障部分进行隔离，减小对其余部分的干扰，保证网络其他部分能够正常运行；将网络重新组合配置，降低隔离故障的不良影响；

对网络故障部分的数据进行维护，恢复为网络初始状态。

二、网络故障处理的方式

网络故障检测需要基于故障的现象，首先借助某些网络检测工具采集诊断信息，其次需要找出网络故障发生点，接着分析故障形成的根源，最后排除故障，保证网络能够正常运行。

（一）故障检测

网络故障检测基于网络原理、详细配置和运行状态三部分的相关知识。出现故障现象之后，可以借助网络诊断工具定位故障点，查找问题的根源，继而排除出现的故障，恢复网络运行状态。根据 ISO 定义的网络参考模型（OSI），网络故障通常分为以下几类。

（1）物理层故障：主要由物理硬件本身故障或者线路连接的相关错误所致。

（2）数据链路层故障：主要由网桥（交换机）等接口配置问题所致。

（3）网络层故障：主要由人员的操作失误或者错误配置网络协议引起。

（4）传输层故障：主要由传输层的相关传输设备故障等引起。

（5）应用层故障：主要由应用层协议的不完善、网络应用软件自身的缺陷等问题引起。故障检测一般从底层向上层推进，最先需要对物理层进行检查，然后检查数据链路层，最终排查到通信故障的地方。

（二）故障排除的步骤

第 1 步，详细记录和分析网络故障现象。在网络运行期间，应始终详细记录网络运行状况，一旦出现故障，就应仔细分析故障的症状和可能的原因。明确故障的现象之后分析故障产生的原因。

第 2 步，收集网络故障发生前后的必要信息。故障发生前后用户、网络管理员、其他关键人物的操作和现象描述等对故障的定位起着关键的作用。除了收集故障发生的相关信息外，还应该广泛地收集更多信息，例如协议分析、网络管理、路由器诊断的软件说明书中的关键内容。

第 3 步，对故障可能出现的地方做出合理的全面的推测，根据相关情况排除故障不可能出现的原因，将故障原因缩至最小范围。例如，根据 ping 命令的结果可以排除硬件故障，然后就应该把注意力放在软件原因上。

第 4 步，根据最后确定的可能故障点，设计一套完整的故障排除方案。例如，可以先从最容易引起此类故障的地方入手，看故障是否能排除。观察设备指示灯来确定故障可能比别的方法都快。通常情况下，绿灯表示连接正常，红灯表示连接故障，不亮表示无连接或线路不通。根据数据流量的大小，设备指示灯会时快时慢地闪烁。

第 5 步，根据故障出现的潜在原因制订相应的排查计划，尽量保证一次仅对一类故障进行排查操作。如果有多个配置参数或连接状态同时被改变，即使问题得以解决，也不容易判断出导致故障的原因。处理故障的同时应该能够找到引起故障的原因。当故障处理后仍无法排除时，应尽量恢复到故障的原始状态，以免扩大故障。

第 6 步，详细记录故障排除过程。在网络故障的排除之后，需要记录整个过程，为以后故障定位和排除打好基础。记录的信息主要包括故障现象描述及收集的相关信息，排除过程用到的设备清单、协议清单、应用清单，出现故障的原因以及相应的制定方案等。

三、局部网络中断及处理方法

当生产现场设备之间、生产现场与 SCADA 之间等出现网络中断，丢包率达到 100% 时，可能的原因包括如下几个方面。

（一）通信线缆故障

通信线缆故障包括因施工导致的通信线缆被切断、线缆接头与网络设备接口连接松动等。处理方法如下。

（1）定位到线缆连接的网络设备及其端口，重新敷设通信线缆；

（2）设计实施工业无线通信方式；

（3）设计实施工业无线通信作为有线通信冗余链路。

（二）网络设备故障

由于工业以太网交换机、工业无线局域网设备自身软件或硬件出现故障，导致无法正常工作。处理方法是定位到出现故障的网络设备，及时进行配置和更换。

四、时延增加及处理方法

当两个设备之间端到端时延较平常明显增加时，可能的原因是视频数据流与工业

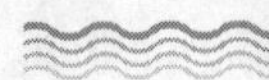

控制数据流在同一个网络传输，且没有进行额外的网络管理设置。因为视频流占据了大部分带宽，导致生产控制数据传输的实时性降低。

处理方法可以是，采用虚拟局域网 VLAN 技术，将视频数据与工业控制数据划分到不同的子网中，且将工业控制数据传输的优先级提高。

五、网络阻塞及处理方法

网络阻塞可能是由广播风暴引起的。广播风暴不仅会占用大量的网络带宽，而且会占用网络设备大量的 CPU 处理时间。如果网络长时间被大量广播数据包所占用，正常的点对点通信就无法正常进行，网络速度就会变慢或者瘫痪。引起广播风暴的主要原因一般为网络中存在环网且没有配置环网的冗余机制。

处理方法是，首先确定出现广播风暴前所做的网络改动，然后根据网络改动的内容判断故障出现的原因，并定位到引起广播风暴的交换机及链路，最后通过物理方式拔掉引起广播风暴的线缆，在对应交换机中配置冗余协议解决广播风暴问题。

第四节　工业网络状态监控

考核知识点及能力要求：

- 能够应用网络管理软件监控工业网络及工业现场与工业互联网平台之间的网络状态。

一、工业网络管理软件功能

网络管理软件是专门为了满足工业通信需求而设计的，用于应对复杂的工控网络的管理和安全需求。利用对工控设备的诊断和报告功能，可确保及早发现网络问题并予以处理。

网络管理软件可由控制站和操作站两个角色组成，这两个角色可以安装在同一台计算机（单点安装模式），也可以安装在不同的计算机（多点安装模式）。控制站用于管理整个网络，制定和下发规则；操作站用于搜集本地网络设备信息，并汇总给控制站。

此外，可以根据工厂内的布局和管理需求，分布式地对软件进行布置。在不增加网络负荷的情况下，可以管理更多的网络设备。安全管理功能可以对访问用户的角色进行严格的限定，以保证工业网络的安全。

工业网络管理软件主要功能如下。

（1）可以通过 DCP、ICMP、ARP、SNMP、PROFINET 等多种协议监控和管理工控设备，管理型交换机、工业防火墙、PLC、RFID 等现场设备都可以被监控。通过查看软件扫描出的网络拓扑图和设备报警日志，可以帮助定位和解决现场网络问题。

（2）如果网络链路的负载超过预设定的比例，拓扑图中对应设备之间的连线会由绿色变为红色，并触发事件报警。软件还针对工控场景网络设备较为固定的特点，集成了标准拓扑监视功能，现场设备连接端口发生变化也会触发报警。

（3）对现场网络设备的严格管理有助于提升网络安全等级。在软件中可以创建策略快速关闭未使用的交换机端口和非加密的访问协议，并周期性地校验和执行。根据工控网络特点，软件具备 MAC 地址监视的功能，终端设备的接入和替换都会被发现。

（4）软件可以采集无线链路的信号强度、无线丢包率和客户端数量等信息，并以趋势图和日志报警的形式展现，为无线系统的维护和优化提供依据。

（5）支持工业防火墙管理、交换机 / 无线设备的固件批量升级和参数配置、网络资产信息统计、网络校验报告、核心交换机 CPU 利用率和温度的监视、IP/MAC 冲突检测、IPC 的风扇转速的监视等功能。

二、监控工厂生产网络状态

应用工业网络管理软件监控工厂网络设备状态，如图 5–2 所示。控制站监控的设

备包括交换机、无线局域网设备、路由器、PLC、终端设备等。

每个操作站会显示关于其所监视设备的详细信息。如果设备提供相邻设备信息，将生成网络拓扑，如图 5–3 所示。

Control - CONTROL

主页　网络监视　网络管理　系统监视　系统管理

主页 » 网络监视 » 设备

设备 (62)

操作

	状态	IP 地址	类别	首次发现	使用场合	配置访问	管理状态	最后收到的功能
								mm/dd/yyyy
	确定	190.200.0.106/16	Switch	1 Month ago	sysLocation_W...	允许	已管理	03/29/2021 04:08
	要求维护	190.200.0.141/16	Router	1 Month ago	sysLocation N...	允许	已管理	03/29/2021 04:08
	确定	190.200.0.100/16	Switch	1 Month ago	sysLocation N...	允许	已管理	03/29/2021 04:08
	确定	190.200.0.120/16	Switch	1 Month ago	sysLocation N...	允许	已管理	03/29/2021 04:08
	确定	190.200.0.143/16	Router	1 Month ago	sysLocation N...	允许	已管理	03/29/2021 04:08
	确定	190.200.0.150/16	Router	1 Month ago	sysLocation N...	允许	已管理	03/29/2021 04:08
	确定	190.200.0.101/16	Switch	1 Month ago	sysLocation N...	允许	已管理	03/29/2021 04:08
	确定	190.200.0.40/16	Router	1 Month ago	sysLocation N...	允许	已管理	03/29/2021 04:08
	要求维护	190.200.0.180/16	Access Point	1 Month ago	sysLocation N...	允许	已管理	03/29/2021 04:08

图 5–2　应用工业网络管理软件监控工厂网络设备状态示例

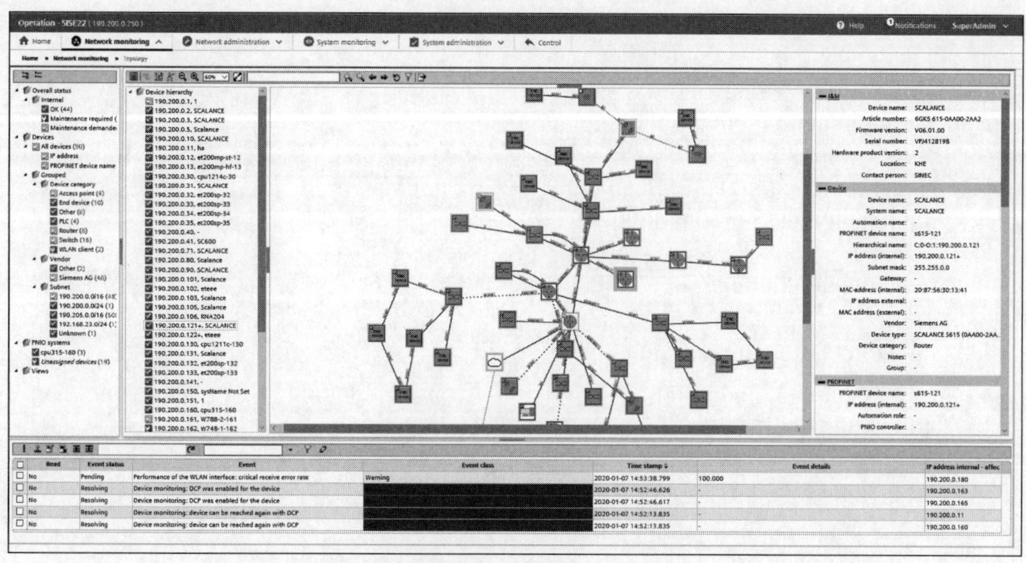

图 5–3　应用工业网络管理软件监控工厂网络拓扑结构示例

思考题

1. 工业网络通信指标有哪些?
2. 工业以太网交换机常见故障有哪些? 如何处理这些故障?
3. 工业无线局域网设备日常如何维护?
4. 工业网络故障处理方式有哪些?
5. 工业网络管理软件主要功能有哪些?

第六章 工业数据采集系统运维

数据是工业互联网的核心要素，实施工业数据采集系统运维是保障设备、生产等数据上云的基础。通过了解工业传感器、工业控制器、工业网关及标识数据采集设备等发生的常见故障，能够识别工业数据采集系统常见故障并予以处理。

- **职业功能：**工业数据采集系统运维。
- **工作内容：**识别工业数据采集系统常见故障并予以处理。
- **专业能力要求：**能监控常用工业传感器运行状态；能监控工业控制系统运行状态；能监控标识数据采集系统运行状态；能对工业网关进行维护；能对工业设备数据采集系统和工业标识数据采集系统进行定期检查，并记录运行状态。
- **相关知识要求：**工业传感器常见故障知识；工业控制器常见故障知识；标识数据采集设备常见故障知识；工业网关常见故障知识。

第一节 工业传感器常见故障及处理

考核知识点及能力要求：

- 了解常见工业传感器故障知识；
- 能够监控常用工业传感器运行状态。

工业传感器是工业数据采集系统的重要终端之一，工业传感器出现故障将影响工业控制系统对生产线的正常控制，以及设备上云后对设备的运行管理。

一、传感器故障分类方式

（一）根据工业传感器故障程度分类

根据故障的程度，工业传感器故障分为硬故障和软故障两种。

硬故障的故障程度较深，现象比较明显，一般是因结构损坏而产生的。硬故障通常指完全故障，测量的具体数值保持不变，一般情况下为零或者是读数的最大值，与实际变化没有任何关联。

软故障的故障程度较小，故障的变化比较缓慢，一般为特性的变异。软故障涵盖了数据漂移、数值偏差以及精度降低等故障现象。软故障往往较难发现，所以在一定程度上危害性大于硬故障，要更加重视。

（二）根据故障存在的表现分类

按故障存在的表现，工业传感器故障可分为间歇性故障和永久性故障。

间歇性故障指的是工业传感器时好时坏；永久性故障指的是工业传感器发生故障之后，无法恢复原样。

（三）根据故障形成的进程分类

根据故障形成的进程，工业传感器故障可以分为突变故障以及缓变故障两类。

顾名思义，突变故障信号变化快，缓变故障信号变化速率小。

（四）根据故障的原因分类

按照故障发生的原因，工业传感器故障可以分为开路、短路、偏差、冲击、漂移、干扰等多种类型。

二、传感器常见故障

（一）显示异常

工业传感器在使用时可能会显示乱码信息，阻碍控制系统的正常运行，可能是由于内部某些金属元件出现断丝的情况，或者与电路板连接时出现短线的情形导致的。对于这些情况，需要对传感器进行检测，分析元件与电路板连接状况。若判断不存在短线问题，可以用万用表仔细检查元件，若电阻数值为无穷大，那么则出现了元件断丝的现象，需要更换该元件。当然，传感器乱码的影响因素众多，需要在具体环境中积累维护经验，不断提升解决这类问题的能力。

（二）报警错误

目前，工业传感器大部分具备报警能力，工作异常时能够给出警示，以保证生产过程的正常进行；但有时也会存在错误报警现象，如出现报警灯与告警声的不同步。

当传感器声音异常或者报警灯异常时，需要检查蜂鸣器与电路板之间的线路状况，倘若不存在接线问题，可能是蜂鸣器失效，需要进行更换。传感器在报警时若出现无声无光的状况，可能是二极管或电路板芯片出现了故障，需要借助万用表判断报警灯是否有效，若有效，则需要对电路板芯片或二极管进行更换。

（三）安装不当导致读数错误

如果安装方式不正确，也会导致发生读数异常。例如，检测金属是否存在的传感器不能附着在被检测的金属上面，传感器和它要识别的金属表面之间必须隔开一定的空

间，否则可能会导致读数错误。对于这种故障，改变传感器安装位置是一种最简单的解决方法。

（四）漂移故障

传感器漂移是指在输入量不变的情况下，传感器输出量随着时间变化的现象。产生漂移的原因有两个方面：一是传感器自身结构参数；二是周围环境（如温度、湿度等）。最常见的漂移是温度漂移，即由于周围环境温度变化而引起输出量的变化，温度漂移主要表现为温度零点漂移和温度灵敏度漂移。

三、传感器故障诊断方法

工业传感器常见的故障诊断方法包含以下几种。

（一）基于模型的故障诊断

早期基于模型的故障诊断技术用解析冗余代替了物理冗余，为了采集故障信息，需要对比估计系统的输出测量值。

目前基于模型的故障诊断技术细分成基于状态的故障诊断、基于参数估计的故障诊断以及等价空间诊断三种方法。可以将物理系统内部元部件的特定参数命名成物参，将表达控制系统的特定方程命名为模参。若传感器由于出现失效、损坏以及性能降低造成传感器故障，可以表达为物参的改变，从而影响模参，涵盖了所有故障数据。相反，在模参确定时，能够预测物参的改变，最终分析出传感器的故障程度。

如今，基于模型的故障诊断技术广泛应用在传感器检测上，与非线性系统相比，这种技术更集中体现在线性系统上。

（二）基于知识的故障诊断

基于知识的故障诊断不需要构建模型，解决了前述诊断方法的很多缺陷，但不具备先进的理论支持。人工神经网络法是这种诊断方法的典型应用，它是建立在神经网络的基础之上，利用人工结构进行特定操作的神经网络，能够存储信息，利用网络的拓扑结构进行非线性变换和映射操作，因此，与基于模型故障诊断方法相比，这种方法很大程度上填补了非线性系统的技术空白。但这种方法也存在缺点，仅仅基于少量的实践案例，容易被样本选择所干扰，也未借鉴其余领域的先进经验，最终的诊断结论缺乏一定的解释性。

（三）基于信号的故障诊断

为了识别传感器故障的发生状况，基于信号的故障诊断方法利用了特定频谱、函数等模型对信号进行检测与分析。在进行传感器故障诊断时，可以采取小波分析法对序列变化进行可靠的分析以及预测，查看位于任何位置信号的特性，可以精准确定故障发生的时间节点。

四、工业传感器运行状态的监控

随着科学技术的发展，工业传感器运行状态的监控方法愈发丰富，以工业上最常用的压力传感器为例，监控其运行状态，按照目的不同，监测的项目也不尽相同，主要监测以下几点。

（一）桥路的监测

主要监测传感器的电路状态，一般是惠斯通全桥电路，利用万用表的欧姆档，测量输入端之间和输出端之间各自的阻抗，分别是传感器的输入以及输出阻抗。倘若阻抗数值为无穷大，桥路则是断开状态，表明传感器存在故障，或者在判断引脚时出现错误。

（二）零点的监测

借助于万用表，连接至电压档，在没有施加外力的情况下检测传感器零点的输出。输出电压一般偏小，倘若不在传感器技术指标规范的范围内，则表示传感器存在零点偏差超程的情况。

（三）加压监测

加压监测的基本原理是：先为压力传感器持续供电，向压力传感器的导气孔吹气，借助万用表测量传感器的输出端电压的改变量。如果传感器具有较高的灵敏度，变化量数值会变得很大。倘若变化很小，需要变为气压加压的方式。

借助上述操作流程，便能监测传感器的状态。为了使监测结果更加精准，需要保证压力源为标准值，同时根据压力数值以及输出电压校准压力传感器，必要时可以进行温度辅助检测。

第二节 工业控制系统常见故障及处理

考核知识点及能力要求：

- 了解工业控制器常见故障知识；
- 能够监控工业控制系统运行状态。

一、可编程逻辑控制器常见故障及处理

（一）外围电路元器件故障

此类故障在 PLC 工作一定时间后的故障中经常出现。在 PLC 控制回路中如果出现元器件损坏故障，PLC 控制系统就会立即自动停止工作。

输入电路是 PLC 接收开关量、模拟量等输入信号的端口，其元器件质量的优劣、接线方式及是否牢靠也是影响控制系统可靠性的重要因素。

对于开关量输出来说，PLC 的输出有继电器输出、晶闸管输出、晶体管输出三种形式，具体选择哪种形式的输出应根据负载要求来决定。选择不当会使系统可靠性降低，严重时会导致系统不能正常工作。

此外，PLC 的输出端子带负载能力是有限的。如果超过了规定的最大限值，必须外接继电器或接触器才能正常工作。

外接继电器、接触器、电磁阀等执行元件的质量，是影响系统可靠性的重要因素。常见的故障有线圈短路、机械故障造成触点不动或接触不良。

（二）端子接线接触不良

此类故障在 PLC 工作一定时间后随着设备动作的频率升高而出现。由于控制柜配线缺陷或者使用中的震动加剧及机械寿命等原因，接线头或元器件接线柱易产生松动而引起接触不良。

这类故障的排除方法是使用万用表，借助控制系统原理图或者 PLC 逻辑梯形图进行故障诊断维修。

对于某些比较重要的外设接线端子的接线，为保证可靠连接，一般采用焊接冷压片或冷压插针的方法进行处理。

（三）PLC 受到干扰引起的功能性故障

自动化系统中所使用的各种类型 PLC，是专门为工业生产环境而设计的控制装置。在设计和制造过程中采用了多层次抗干扰和精选元件措施，故具有较强的适应恶劣工业环境的能力、运行稳定性和较高的可靠性。因此一般不需要采取特殊措施即可直接在工业环境使用。PLC 受到的干扰可分为外部干扰和内部干扰。

在实际的生产环境下，外部干扰是随机的，与系统结构无关，且干扰源是无法消除的，只能针对具体情况加以限制。

内部干扰与系统结构有关。主要通过系统内交流主电路、模拟量输入信号等引起，通过精心设计系统线路或系统软件滤波等措施，可使内部干扰得到最大限度的抑制。

PLC 生产现场的抗干扰技术措施，通常从电源与接地保护、接线布置、屏蔽处理和抗噪声四个方面着手考虑。

1. 电源与接地保护

PLC 本身的抗干扰能力一般很强。通常将 PLC 的电源与系统的动力设备电源分开配线，对于电源线的干扰，一般有足够强的抑制能力。

但是如果电源干扰特别严重，可加接一个带屏蔽层的隔离变压器以减少设备与地之间的干扰，提高系统的可靠性。如果一个系统中含有扩展单元，则其电源必须与基本单元共用一个开关控制，换言之，它们的上电与断电必须同时进行。

为了抑制附加在电源及输入端、输出端的干扰，应给 PLC 接专用地线。接地线线径要足够大，接地电阻要小于 4 Ω，接地点应尽可能靠近 PLC，并且接地点要与其他

设备分开。对供电系统中的强电设备，其外壳、柜体、框架、机座及操作手柄等金属构件必须保护接地。

PLC 内部电路包括 CPU、存储器和其他接口共接数字地，外部电路包括 A/D、D/A 等共接模拟地，并用粗短的铜线将 PLC 底板与中央接地点星形联结防噪声干扰。PLC 非接地工作时，应将 PLC 的安装支架容性接地以抑制电磁干扰。

2. 接线布置

电气柜内线路走线布置应注意以下方面。

（1）只有有屏蔽的模拟量输入信号线才能与数字量信号线装在同一线槽内，直流电压数字量信号线和模拟量信号线不能与交流电压线装在同一线槽内。

（2）只有有屏蔽的 220 V 电源线才能与信号线装在同一线槽内。

（3）电气柜电缆插头的屏蔽一定要可靠接地。

电气柜外部走线布置应注意以下方面。

（1）直流和交流电压的数字量信号线和模拟量信号线一定要各自用独立的电缆，且要用屏蔽电缆。

（2）信号线电缆可与电源电缆装在同一线槽内，为改进抗噪性建议保证间隔 10 cm 以上。

3. 屏蔽处理

PLC 外壳的屏蔽，一般应保证与电气柜浮空。在 PLC 外壳底板上加装一块等位屏蔽板（一般使用镀锌板），保护地使用铜导线与底板保持一点连接，其截面积应不少于 10 mm^2，以构成等位屏蔽体，有效地消除外部电磁场的干扰。

对模拟量信号的屏蔽总线可绝缘，并将中央点连到参考电位或地（GND）上。数字量信号线的电缆两端接地，可保证较好地排除高频干扰。

4. 抗噪声的措施

对处于强磁场（如变压器）的部分要进行金属屏蔽，电气柜内不宜采用荧光灯具照明。PLC 控制系统电源也应采用相应的抗干扰措施。

PLC 控制系统电源抗干扰的方法有采用隔离变压器、低通滤波器及应用频谱均衡法三种。其中隔离变压器最为常用，因为 PLC 的 I/O 模块电源常用直流 24 V，须经隔离变压器降压，再经整流桥整流供给，或者直接使用开关电源供给。

（四）PLC 周期性死机

PLC 周期性死机的特征是 PLC 每运行若干时间就出现死机、程序混乱，或者出现不同的中断故障显示，重新启动后又一切正常。根据实践经验认为，该现象最常见原因是 PLC 机体长时间的积灰。

所以，应定期对 PLC 机架插槽接口处进行吹扫。吹扫时可先用压缩空气或软毛刷将控制板上、各插槽中的灰尘吹扫净，再用 95% 酒精擦净插槽及控制板插头。清扫完毕后细心检查一遍，恢复开机便能正常运行。

PLC 程序丢失，通常是由于接地不良、接线有误、操作失误和干扰等方面的原因造成的。

（1）PLC 主机及模块必须有良好的接地；

（2）主机电源线的相线与中性线必须接线正确；

（3）预先准备好程序包用作备份；

（4）使用手持编程器查找故障时，应将锁定开关置于垂直位置，拔出就可起到保护内存的作用；

（5）由于干扰原因造成的 PLC 程序丢失，处理方法可参照 PLC 受干扰引起故障的处理方法。

二、集散控制系统常见故障及处理

（一）系统常见故障及排除

现场常见的问题有三个方面：一是从现场来的信号本身存在问题；二是系统硬件故障；三是软件组态有错误或组态与硬件协调有误引起冲突。

1. 现场信号问题

（1）测量元件损坏；

（2）变送器故障；

（3）连线问题，包括信号线接反、松动、脱落、传输过程中接地及传输过程中受干扰影响耦合出超过 DCS 系统可接受的干扰等。

总之，从信号测量、发送，到DCS接线端子，其中任何一个环节出错，所造成的结果都表现为数据显示有误。

2. DCS硬件故障

DCS硬件故障常常表现为以下几个方面。

（1）模块与底座接插不严密；

（2）拨码开关错误、通信线接线方向错误及终端匹配器未接；

（3）硬件接线与实际信号要求的不一致；

（4）机柜内电源输出有误；

（5）硬件本身损坏。

以上几个方面问题的结果表现为加电硬件板级故障（指示灯显示状态不对），设备不工作，或系统工作但显示的对应测点值不正确、系统输出不能驱动现场设备等。

3. 软件组态有错误或组态与硬件协调有误

软件组态有错误或组态与硬件协调时出现的问题主要表现为以下几个方面。

（1）数据库点组态与对应通道连接信号不匹配；

（2）由于网络通信繁忙引起系统管理混乱；

（3）加电硬件板级故障（指示灯显示状态不对），设备不工作，或系统工作但显示的对应测点值不正确、系统输出不能驱动现场设备等。

4. 处理方法

首先是要判断出故障是发生在DCS系统内部还是在外围设备或连线上。一般方法是：①从卡件接线端子排上拆除故障点卡件通道现场侧接线；②对于模拟量输入通道，可用模拟量信号源加信号，若界面显示正常则故障点应在外围设备或连线上；对于开关输入通道，可短接通道，若界面显示正常则故障点应在外围设备或连线上；对模拟量输出通道，可模拟量信号测量仪接入通道，在界面上对设备进行操作，若检测输出信号正常则故障点应在外围设备或连线上；对于开关量输出通道，可万用表电阻档接入通道，在界面上对设备进行操作，若检测卡件输出继电器闭合则故障点应在外围设备或连线上。

判断出故障是发生在DCS系统内部还是在外围设备或连线上后，就可迅速排除故障。

在处理故障中应注意以下问题。

（1）对于外供电回路，在拆除卡件现场侧接线时应先将外围设备电源切除或拆除后用绝缘胶布进行包裹，防止短路发生；

（2）对于 DI 卡若其上通道灯均灭，一般是排查电压丢失或卡件故障。

（二）供电与接地系统常见故障

1. 连线接头问题

（1）连线接头没有采用压焊或焊接不好，造成接触不良；

（2）热循环使接头松动；

（3）螺栓连接点因震动引起松动；

（4）连接点因腐蚀而接触不良。

2. 电源问题

（1）电源连线问题。电源连线问题包括没有连线（火、地、零线中的一项没有接）、错误连线（火线与零线接反，地线与零线接反，地线与零线多点短接）。

（2）电源质量问题。电源质量问题包括设备连线质量问题（各连接头松动）、技术指标（电压、频率）超过规定要求。

（3）线质量问题。线质量问题包括电源线阻抗增大和绝缘层质量不良。

（4）地极问题。地极问题包括地极电阻增大、地极与地网断开。

（5）环境问题。环境问题包括电源线特别是地线布设不合理，与产生强磁干扰的电线和设备相隔太近。

3. 故障处理

（1）系统电源出现故障，一般均会在报警光字牌上有显示或出现电源切换。对于单一电源故障，可切除进线电源后进行检查；对于切除电源故障，只能在观察、测量找到故障点后，制定切实可行的安全措施后方可进行。

（2）接地系统出现故障 DCS 系统一般不会有报警发出，但 DCS 输入输出量会出现多个数据不稳定，设备状态失常、误动。此时应测量各机柜系统接地电阻，判断接地系统是否出现故障，及时进行处理。

第三节　工业设备数据采集系统运行状态监视

考核知识点及能力要求：

- 能够对工业设备数据采集系统进行定期检查，并记录运行状态。

可以从与工业互联网平台关联的工业网关和设备状态情况，监视工业设备数据采集系统运行状态。定期检查工业设备数据采集系统运行状态，并予以记录。

一、与工业互联网平台关联的工业网关状态监控

在工业设备数据采集实施过程中，在工业互联网平台中已经添加了需要关联的工业网关。在对工业设备数据采集系统运行状态进行监视时，首先需要在工业互联网平台中能够监控到所有关联的网关状态。如图 6–1 所示，展示了所属租户的所有网关的在线、离线状态。

为了更好地管理网关，需要对网关进行控制。网关控制界面如图 6–2 所示。

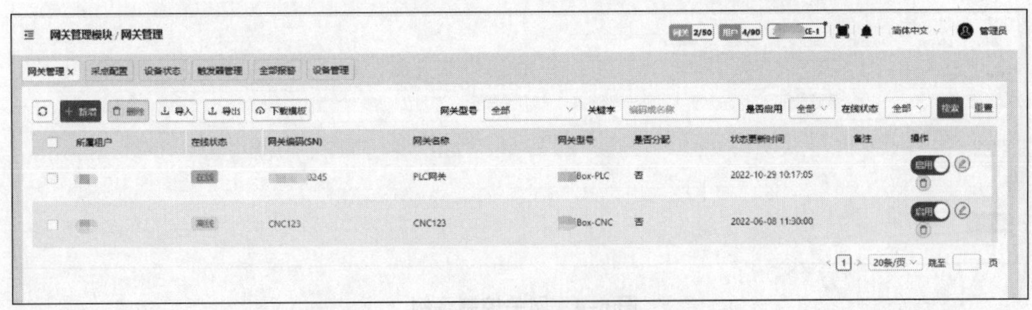

图 6–1　工业互联网平台网关管理界面示例

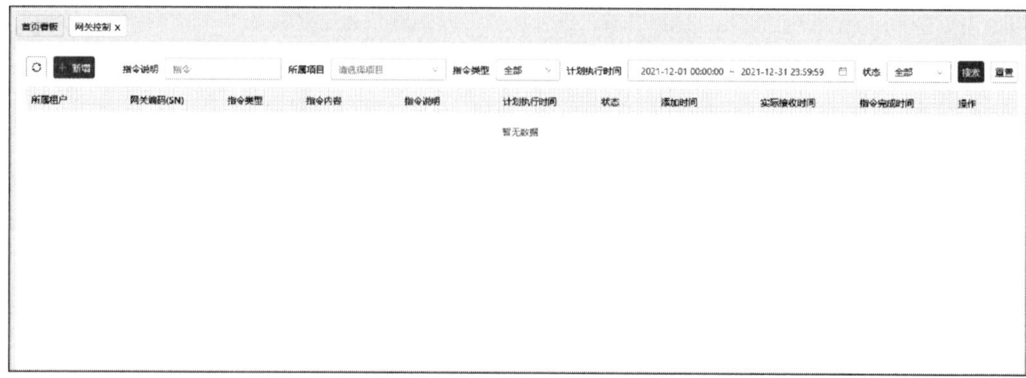

图 6–2　网关控制示例

（一）查询操作

点击“搜索”按钮，可以根据查询条件过滤查询出当前网关内容。查询结果如图 6–3 所示。

（二）网关控制（指令下发）

点击“新增”按钮，增加一条网关控制（指令下发），如图 6–4 所示。

所属租户	网关编码(SN)	指令类型	指令内容	指令说明	计划执行时间	状态	添加时间	实际接收时间	指令完成时间	操作
TE10	300219070546	读取点值	VD1020		2021-11-10 17:00:45	执行成功	2021-11-10 17:00:45	2021-11-10 17:00:46	2021-11-10 17:00:46	
TE10	300219070546	设置点值	M5.0=1		2021-11-10 16:51:31	执行成功	2021-11-10 16:51:31	2021-11-10 16:51:31	2021-11-10 16:51:31	
TE10	300219070546	设置点值	M5.0=0		2021-11-10 16:51:21	执行成功	2021-11-10 16:51:21	2021-11-10 16:51:22	2021-11-10 16:51:22	

图 6–3　条件过滤搜索内容示例

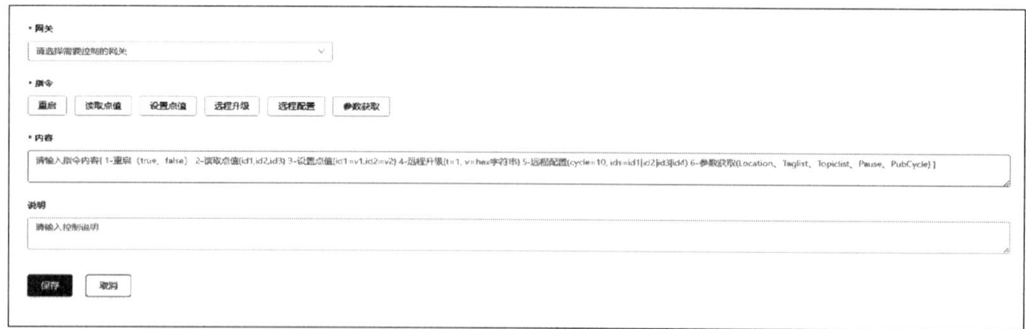

图 6–4　网关控制示例

（三）网关离线提示

针对每个网关的离线状态，给出可能的原因，如图 6–5 所示。

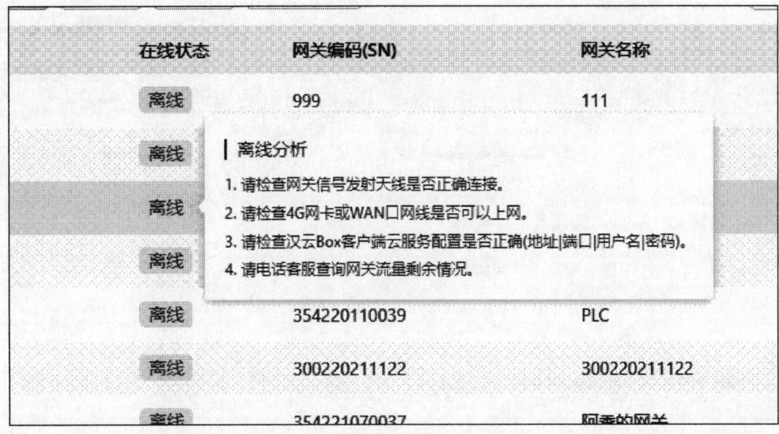

图 6–5　离线原因分析示例

二、与工业互联网平台关联的工业设备状态监控

在工业设备数据采集实施过程中，已为工业互联网平台关联的网关关联了所有待采集的工业设备。在对工业设备数据采集系统运行状态进行监视时，需要在工业互联网平台中能够监控到所有关联的工业设备的状态。图 6–6 展示了当前租户下所有已绑定网关的入网设备的运行状态及是否有报警的情况。

图 6–6　设备状态列表示例

点击任一设备卡片，进入设备详情页面。页面展示了工业设备基础信息、在线时长、运行时长、报警信息、实时变量数据信息等，如图 6–7 所示，展示的是 PLC 网关采集设备的基础信息、实时变量数据信息等。

为了实时了解设备上数据点正常情况，当有报警发生，推送数据到平台。在平台中可以实时看到各个数据点的报警数据，能够对报警情况进行及时处理，如图 6–8 所示。

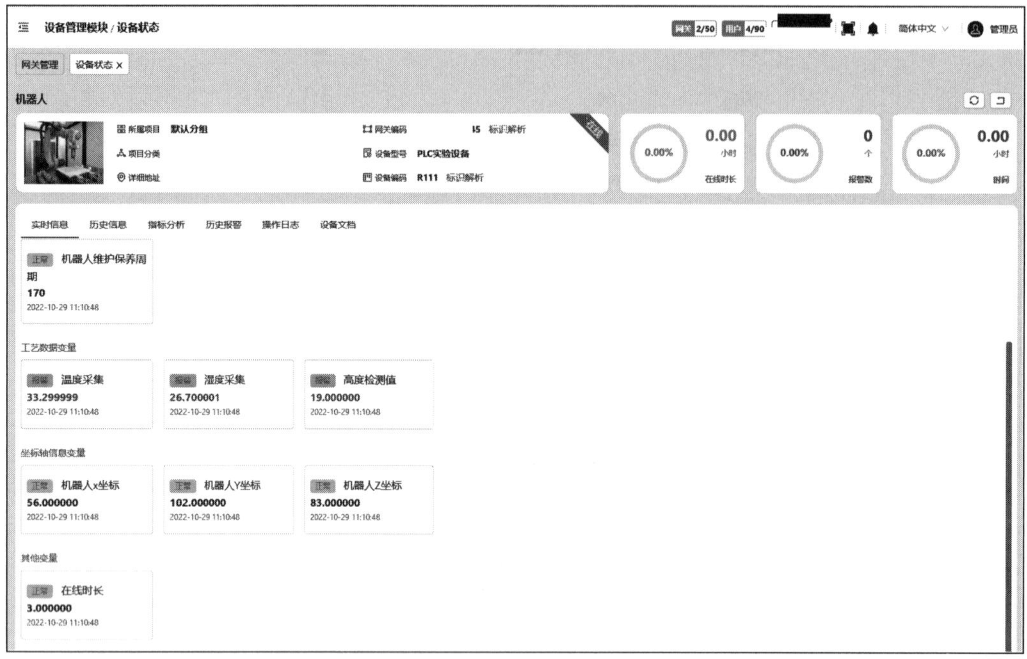

图 6–7 设备详情示例

序号	所属租户	报警时间	报警设备	数据点名称	当前值	报警内容	处理人	处理方式	处理状态	操作
1		2022-10-29 10:56:55	机器人	高度检测值	19.000000	19.000000 高于 10.00 或低于 20.00			未处理	处理
2		2022-10-29 10:52:55	机器人	湿度采集	26.400000	26.400000 低于 40.00			未处理	处理
3		2022-10-29 10:50:54	机器人	温度采集	33.799999	33.799999 高于 20.00			未处理	处理

图 6–8 报警数据示例

第四节 工业网关维护

考核知识点及能力要求：

- 了解工业网关常见故障知识；
- 能够对工业网关进行维护。

一、工业网关日常维护

（一）工业网关状态信息查看

工业网关应具备对已配置的信息进行数据预览的功能，以及对配置的采集、计算、转发等运行情况及主要资源使用和占用情况进行查看的功能。

查看工业网关 CPU 使用率、内存使用率、接口速率等信息，如图 6-9 所示。工业网关系统显示设备的接口速率相关信息，如当前上行速度、当前下行速度、上网 WAN 接口的状态等。

（二）系统日志查看

工业网关应支持日志管理功能，包括网关登录、管理配置、外部攻击、报警信息、采集通道运行状态、转发通道运行状态、边缘计算运行状态等。

系统日志显示设备系统日志相关信息，如图 6-10 所示。设备在运行过程中会生成系统日志。日志中记录了管理员在设备上进行的配置、设备的状态变化以及设备内部发生的重要事件等，可为用户进行设备维护和故障诊断提供参考。

图 6–9　工业网关系统信息查看

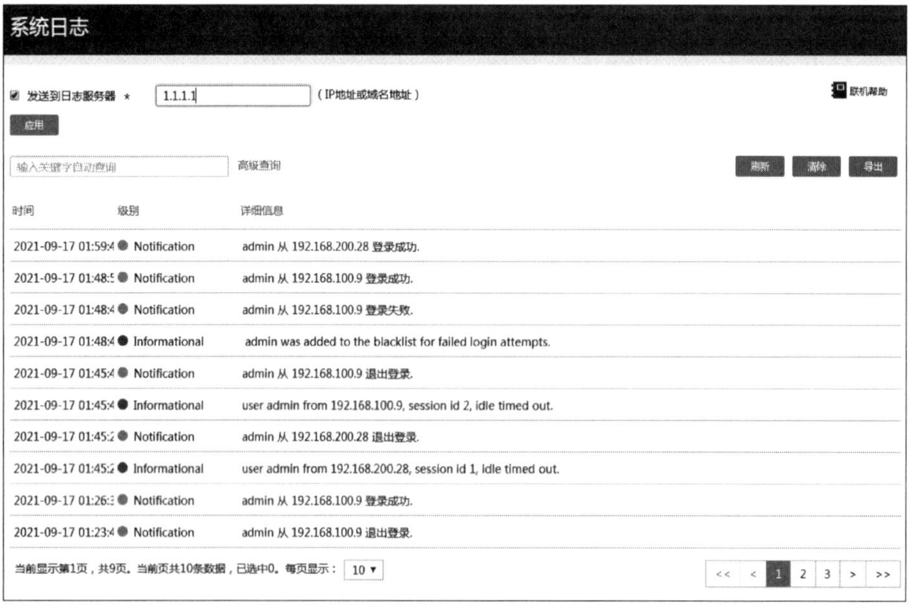

系统日志

☑ 发送到日志服务器 * 1.1.1.1 （IP地址或域名地址） 联机帮助

应用

输入关键字自动查询　高级查询　刷新　清除　导出

时间	级别	详细信息
2021-09-17 01:59:4	● Notification	admin 从 192.168.200.28 登录成功.
2021-09-17 01:48:5	● Notification	admin 从 192.168.100.9 登录成功.
2021-09-17 01:48:4	● Notification	admin 从 192.168.100.9 登录失败.
2021-09-17 01:48:4	● Informational	admin was added to the blacklist for failed login attempts.
2021-09-17 01:45:4	● Notification	admin 从 192.168.100.9 退出登录.
2021-09-17 01:45:4	● Informational	user admin from 192.168.100.9, session id 2, idle timed out.
2021-09-17 01:45:2	● Notification	admin 从 192.168.200.28 退出登录.
2021-09-17 01:45:2	● Informational	user admin from 192.168.200.28, session id 1, idle timed out.
2021-09-17 01:26:3	● Notification	admin 从 192.168.100.9 登录成功.
2021-09-17 01:23:4	● Notification	admin 从 192.168.100.9 退出登录.

当前显示第1页，共9页。当前页共10条数据，已选中0。每页显示：10 ▾　<< < 1 2 3 > >>

图 6–10　工业网关系统日志查看示例

日志可划分为 8 个级别（见表 6–1），各级别的严重性依照数值从 0 ~ 7 依次降低。了解日志级别，能帮助管理员迅速筛选出重点日志。

表 6–1　　日志级别列表示例

数值	信息级别	描　述
0	emergency	表示设备不可用的信息，如系统授权已到期
1	alert	表示设备出现重大故障，需要立刻做出反应的信息，如流量超出接口上限
2	critical	表示严重信息，如设备温度已经超过预警值，设备电源、风扇出现故障等
3	error	表示错误信息，如接口链路状态变化等
4	warning	表示警告信息，如接口连接断开、内存耗尽告警等
5	notification	表示正常出现但是重要的信息，如通过终端登录设备、设备重启等
6	informational	表示需要记录的通知信息，如通过命令行输入命令的记录信息、执行 ping 命令的日志信息等
7	debugging	表示调试过程产生的信息

（三）固件升级

工业网关固件升级一般包括以下三个步骤：

（1）选择固件文件；

（2）上传固件文件到设备；

（3）执行固件升级。

二、工业网关常见故障及处理

工业网关常见故障类型及处理方法如下。

（一）电源故障处理

故障现象：设备无法上电，电源指示灯不亮。

故障处理：按以下步骤进行检查。

（1）关闭供电设备的电源开关；

（2）检查电源线是否与设备及供电设备正确连接；

（3）检查供电设备是否正常工作；

（4）检查所用电源线是否损坏。

（二）配置系统故障处理

设备上电后，如果系统运行正常，在配置终端上会显示启动信息；如果系统出现故障，则配置终端可能无显示或者显示乱码。

故障现象：设备上电后，配置终端无显示信息。

故障处理：首先要做以下检查。

（1）电源系统是否正常；

（2）Console 口是否正确连接电缆。

如果以上检查未发现问题，很可能存在如下原因。

（1）Console 口电缆连接的串口错误（实际选择的串口与终端设置的串口不符）；

（2）配置终端参数设置错误；

（3）Console 口电缆本身有问题。

（三）接口模块、电缆及连接故障处理

故障现象：接口模块安装完毕并给设备上电后，模块面板上相应的指示灯显示为工作异常状态。

故障处理：按以下步骤进行检查。

（1）检查接口模块是否与设备槽位后面板良好接触；

（2）检查设备是否支持该接口模块；

（3）检查接口模块是否安装在指定的设备槽位中；

（4）检查选配电缆是否正确；

（5）检查选配电缆是否正确连接。

第五节　工业标识数据采集系统运行状态监控与日常检查

考核知识点及能力要求：

- 了解标识数据采集设备常见故障知识；
- 能够监控标识数据采集系统运行状态；
- 能够对工业标识数据采集系统进行定期检查，并记录运行状态。

一、标识数据采集设备常见故障知识

标识数据采集设备的维护，是保障工业标识数据采集系统正常工作的基础。下面具体介绍标识数据采集设备中条码、二维码识读设备，RFID 读写器的故障知识。

（一）条码、二维码识读设备的故障

（1）条码、二维码识读设备未使用时，光线一直保持常亮不熄灭状态。

原因分析：误设置了光线常亮状态。

解决方法：恢复出厂设置，关闭常亮。

（2）条码、二维码识读设备扫描时 LED 灯不亮，并且没有任何反应。

原因分析：条码、二维码识读设备的电源可能没有接通，或者是数据线的接口没有插紧，导致接触不良。

解决办法：首先检查条码、二维码识读设备的电源是否连接，如果已经连接，需要检查数据线的接口是否出现松动，建议将数据线和条码、二维码识读设备重新连接，

以确保正常通电使用。

（3）条码、二维码识读设备连接完成后，LED 灯一直闪烁，并且没有声音，也无法扫描。

原因分析：可能是条码、二维码识读设备内部出现问题，一般原因为 IC 接触不良。

解决办法：出现这种情况时应找厂商进行维修。

（4）条码、二维码识读设备启动正常，并且会出现激光，但是无法读码。

原因分析：造成这一问题的可能原因会有多种。第一种可能是条码制已经被关闭；第二种可能是条码已经被损坏；第三种可能是条码存在质量问题，也就是说条码打印不符合标准；第四种可能是防尘镜片不清洁；第五种可能是扫描枪的硬件或者主板出现故障。

解决办法：首先开启对应的条形码制，然后检查条码是否被损坏。

（5）条码、二维码识读设备的串口线已经连接好，但是读码时没有数据传输。

原因分析：可能是没有设置条码、二维码识读设备的串口模式。

解决办法：参照说明书，将条码、二维码识读设备设置为串口模式。

（6）条码、二维码识读设备扫描条码时，蜂鸣声正常但是没有数据传输。

原因分析：可能是条码、二维码识读设备的扫描设置不正确，导致扫描枪无数据传输。另外一种原因可能是传输的线材出现故障，导致没有数据的传输。

解决办法：恢复出厂设置，参照说明书重新设置条码、二维码识读设备，确保相对应的数据线设置正确。

（7）条码、二维码识读设备有些条码能够识别，有些条码无法识别。

原因分析：第一可能是该条码的码制不符合二维码扫描枪要求；第二可能是扫描枪没激活该条码；第三可能是条码破损；第四可能是硬件故障。

解决办法：恢复出厂设置，参考说明书激活该条码码制，或更换条码。

（二）RFID 读写器故障

1. 多读写器之间干扰

当有两台或两台以上的读写器同时工作时，为了使相邻读写器之间相互不干扰，在安装调试读写器时应确保满足以下两点要求。

（1）相邻两台读写器的天线之间的中心间距大于 3 m。

（2）相邻两台读写器的工作频点分别设置为920～925 MHz的跳频，读卡时间间隔应错开，保证每台设备的读卡时间间隔不一致。

2. 读卡距离近

（1）检查读写器频点设置是否正确。

（2）检查标签与天线的极化方向是否匹配。如果天线是垂直极化的，则标签需要竖直放置。

（3）检查标签表面是否覆盖有其他材料。如果存在金属材质材料，由于射频信号无法穿透金属，读写器将无法读取到标签。

（4）检查读写器与天线连接的射频线缆。如果射频线缆的接头松动或同轴线断了，使得射频信号变得很弱，则会直接影响到读取的距离。

（5）检查标签的属性。金属标签一般要求安装在金属表面，这样才能充分发挥金属标签的性能。其他标签，应尽可能不要靠近金属表面安装。

（6）标签性能正常老化。极少数老化严重，可能导致读取距离变得非常近，此时需要考虑更换标签。

（7）检查距离比阀值是否设置合理。标签距离读写器天线越近，则标签强度越强。如果用户给读写器设置了一个较高的距离比阀值，则标签强度低于这个阀值时将无法被读取到。表现在距离上，即如果超过某个距离，标签强度将低于这个阀值，将被读写器底层软件过滤掉。

3. 不能读标签

（1）串口电缆或网络电缆线是否连接正确。电缆未连接或连接不牢靠，会导致PC机或PLC的命令不能下发到读写器。

（2）检查标签是否符合ISO 18000–6B/C协议。不符合6B/C协议的标签将无法被读出。

（3）检查标签是否有损坏。如果是无法读取ID号，可以尝试换一台读写器读取这张标签，看标签是否已损坏。锁定的标签只需要解锁即可正常使用。

4. 串口不能连接

（1）判断波特率。

（2）判断串口电缆是否连接正确。电缆未连接或连接不牢靠，会导致 PC 机或 PLC 的命令不能下发到读写器。

5. 指示灯不亮

供电系统故障。检查电源适配器供电是否正常。

二、工业标识数据采集系统运行状态监控

工业标识数据采集系统需要定期进行检查记录，对标识设备的运行状态进行监控。

对于第三章图 3–10 所示的条码与二维码数据采集系统，通过调试设备定期检查条码与二维码识读设备读取标识的准确度。当“PLC 触发识读设备拍照、识读，识读结果存储到 PLC 的数据块中，PLC 再根据识读的数据通过程序控制其他操作，实现对生产流程的控制”的控制逻辑无法正常进行时，应及时对条码与二维码识读设备进行维护、检查通信链路。

对于第三章如图 3–11 所示的 RFID 的标识数据采集系统，当 RFID 读写器与 PLC 不能相互配合完成生产任务时，应及时对 RFID 读写器进行维护，检查通信链路。

在工业互联网平台中的云化 MES 系统或基于 MES 的工业 App 界面，定期检查是否能够正确接收来自 PLC、仓库识读系统的标识。如果云化 MES 系统或基于 MES 的工业 App 不能正常接收标识数据，应检查从标识识读设备或读写器到 PLC 或仓库等标识识读系统，最后到工业互联网平台的通信情况及各类设备的工作是否正常。

思考题

1. 工业传感器的故障是如何分类的？常见的故障有哪些？如何对工业传感器的故障进行诊断？

2. PLC 常见故障的应对措施有哪些？

3. DCS 常见故障的应对措施有哪些？

4. 条码、二维码识读设备的故障有哪些？如何解决这些故障？

5. RFID 读写器有哪些常见故障？

第七章
安全防护运维

工业互联网环境中的安全防护运维能力在整个工业互联网安全中有着举足轻重的作用，工业互联网场景中第一需要保障的是生产可持续性，即威胁本身不能产生生产事故，同时对威胁的处理不应该过度干涉生产。工控防护能力的主要对象是工业控制系统、工控机、网络设备等，通过对这些对象进行漏洞扫描，能及时进行补丁升级和系统加固，能对常规安全设备进行日常监控和维护等。另外，能利用安全工具实现上云数据分析，及时发现数据可用性和数据完整性等问题。

- **职业功能：**安全防护运维。
- **工作内容：**对安全防护对象进行日常运维。
- **专业能力要求：**能使用安全漏洞扫描工具，对工业控制系统、工控机、网络设备等进行漏洞扫描；能针对工业控制系统安全漏洞，跟踪补丁发布，并及时开展补丁升级和系统加固；能利用安全工具实现上云数据分析，及时发现数据可用性、完整性等问题；能对工业防火墙等常规安全设备进行日常监控和维护；能编写安全防护运维操作记录、系统加固报告、评估报告。
- 相关知识要求：安全漏洞相关知识，包括常见安全漏洞及安全漏洞扫描；安全加固技术知识；数据可用性和完整性知识。

第一节　安全漏洞检测与安全加固

考核知识点及能力要求：

- 了解安全漏洞相关知识，包括常见安全漏洞及安全漏洞扫描；
- 了解安全加固技术知识；
- 能够使用安全漏洞扫描工具，对工业控制系统、工控机、网络设备等进行漏洞扫描；
- 能够针对工业控制系统安全漏洞，跟踪补丁发布，并及时开展补丁升级和系统加固。

一、常见安全漏洞

（一）工业控制系统安全漏洞

工业控制系统信息安全问题的根源是缺乏本质安全，在设计之初，由于资源受限、非面向互联网等原因，为保证实时性和可用性，系统各层普遍缺乏安全性设计。尽管目前已有工业控制产品提供商开始对旧系统进行加固升级，研发新一代的安全工业控制产品，但由于市场、技术、使用环境等方面的制约，工业控制产品生产商普遍缺乏主动进行安全加固的动力。

漏洞也称为脆弱性，是指一个系统存在的弱点或缺陷，系统对特定威胁攻击或危险事件的敏感性，或攻击的威胁作用的可能性。漏洞可能来自应用软件或操作系统设计时的缺陷或编码时产生的错误，也可能来自业务在交互处理过程中的设计缺陷或逻辑流程上的不合理之处。这些缺陷、错误或不合理之处可能被有意或无意地利用，从而对一个组织的资产或运行造成不利影响，如信息系统被攻击或控制、重要资料被窃取、用户数据被篡改、系统被作为入侵其他主机系统的跳板。从目前发现的漏洞来看，应用软件中的漏洞远远多于操作系统中的漏洞，特别是 Web 应用系统中的漏洞，更是占据信息系统漏洞中的绝大多数。

常见的工业控制系统漏洞有通信协议漏洞、操作系统漏洞、安全策略和管理流程漏洞、杀毒软件漏洞、应用软件漏洞等。

工业控制系统漏洞涉及工控网络内的所有资产，包括 SCADA、HMI、PLC、DCS、RTU、OPC、工业交换机、工业路由器、控制协议以及其他软件和硬件。

（二）工控机安全漏洞

工控机（Industrial Personal Computer，IPC）实质上和普通计算机区别不大，但工控机的电源和主板比普通计算机更加稳定，因为工业场合比普通商用场合要求会更高。

目前大多数工控机的操作系统是 Windows 平台的，为保证过程控制系统的相对独立性，同时考虑到系统的稳定运行，通常现场工程师在系统开始运行后不会对 Windows 平台安装任何补丁，但存在的问题是，若不安装补丁，系统就存在被攻击的可能，从而埋下安全隐患。

（三）网络设备安全漏洞

工业以太网交换机本身具有潜在安全漏洞。交换机可以包括 VLAN 设置、交换模式配置、端口安全设置和端口监测设置及其他特性，其中任何一项设置的改变都将对工业以太网带来很大影响。例如，把某一端口设为另一 VLAN 的端口，会导致这一端口失去已组态的连接。工业以太网的交换机具体存在如下安全漏洞。

（1）通过各种手段获得改变交换机配置的能力。例如，在工业以太网中同时具有实时协议与非实时协议，有些交换机可以通过诸如 HTTP 协议等非实时协议访问，这就为改变配置提供了简单的途径。还可以通过攻击 VLAN 实现此目的。

（2）通过攻击和欺骗交换机入侵网络。例如，使交换机认为自己的表中 MAC 地址与网络段之间的映射信息被破坏，迫使交换机转储自己的 MAC 地址表，结果交换

 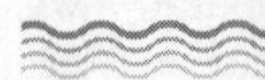

机开始失效恢复，就会停止网络传输过滤，并且试图重新映射对应关系。

（3）可利用交换机的监视端口。监视端口是一个经过配置可以接收其他所有端口发送数据的交换机端口，如果攻击者能够通过工业以太网获得此端口，就可以很容易地监视和分析网络通信。

二、安全漏洞扫描

典型的安全工具可以协助安全人员实施端口扫描、指纹识别、流量分析、应用安全检测、木马分析、漏洞发现、漏洞利用等。根据工具的商业模式，可分为开源免费、开源收费、商业软件等；根据工作方式，可分为在线模式和离线模式。目前很多网络安全检测工具也支持工业控制设备的安全检测，下面介绍常用的安全漏洞扫描工具，这些扫描工具可以对工业控制系统、工控机、网络设备等进行漏洞扫描。

（一）设备扫描及发现

设备扫描及发现类安全工具的主要目的是发现接入到网络环境中的各类软硬件资产，并初步收集其相关的设备软硬件、网络拓扑等信息，便于后期进一步分析使用，是整个安全检测的准备环节。

1. Nmap

Nmap 最早诞生于 Linux 平台，专门用来扫描网络连接状态，推断业务开放情况和系统类别。现在加入了更多功能特性的优化和插件扩展，也具备对工业控制系统中大量设备的识别、扫描和仿真能力。

Nmap 基本上是必备网络安全工具，在渗透过程中一般是在进行网络服务和系统状态信息收集阶段被使用，然后进一步激化后续的攻击或者测试手段。

2. Shodan

Shodan 是一个搜索引擎，用来搜索网络空间中在线设备，可以通过 Shodan 搜索指定的设备或者特定类型的设备。

和其他搜索引擎一样，Shodan 在互联网上不断地爬行和抓取信息。Shodan 还可以揭示设备的指纹、密钥交换（Kex）算法、服务器主机密钥算法、加密算法、MAC 算法和压缩算法。

（二）漏洞扫描及发现

工业控制系统漏洞扫描工具是针对工业控制系统网络环境中存在的设备进行漏洞检测的专业设备，通过对设备信息、漏洞信息的分析结果展示，能够让工业控制系统管理者全面掌握当前系统中的设备使用情况、设备分布情况、漏洞分布情况、漏洞风险趋势等内容，从而实现对重点区域或者高危区域进行针对性整治的目的。

漏洞扫描是指基于漏洞数据库，通过扫描等手段对指定的远程或者本地计算机系统的脆弱性进行检测，发现可利用漏洞的一种安全检测（渗透攻击）行为。漏洞扫描包括网络漏扫、主机漏扫、数据库漏扫和 Web 扫描等不同种类。

1. AppScan

AppScan 是业界第一款 Web 应用安全测试工具包。AppScan 扫描 Web 应用的基础框架，进行安全漏洞测试并提供可行的报告和建议。AppScan 的扫描能力、配置向导和详细的报表系统都进行了整合，简化使用，增强用户使用效率，有利于安全防范和保护 Web 应用基础架构。另外，在国际最知名的商用安全扫描工具中，只有 AppScan 提供简体中文支持。

2. Nessus

Nessus 被全球大多数机构所使用。不同于一般 C/S 架构的漏洞扫描工具，Nessus 还支持 B/S 的方式部署使用，从资源调度和使用方式上都更加灵活。另外，Nessus 针对每一个漏洞都有一个对应的插件，实现漏洞库的模块化，这种插件同 Nmap 类似，使用的是 Nessus 自己的脚本代码实现的，这种形式便于漏洞库的维护管理。而在所有扫描结束之后，Nessus 也会有多种格式支持的专业数据报告输出，详细呈现并分析了统计扫描的结果以及对应的防御方式。

3. Open VAS

Open VAS 是一个提供漏洞扫描和漏洞管理解决方案的服务和工具框架，可以用来扫描服务器和网络设备。这些扫描器通过扫描现有设施中的开放端口、错误配置和漏洞，来查找 IP 地址并检查任何开放服务。扫描完成后，将自动生成报告并以电子邮件形式发送，以供进一步研究和更正。

Open VAS 也可以从外部服务器进行操作，从黑客的角度出发，从而确定暴露的端口或服务并及时进行处理。如果已有内部事件响应或检测系统，Open VAS 将可帮助用户使用网络渗透测试工具和整个警报来改进网络监控。

三、安全加固技术

（一）安全加固技术概述

安全加固是对工业控制系统中的主机、系统及设备的脆弱性进行分析并修补，强调针对主机、系统、设备的安全保护加强。安全加固通常建立在安全风险评估的结果基础之上，对评估的对象进行安全加固。

安全加固的目标是解决在安全评估中发现的技术性安全问题，对其中涉及的安全风险进行加固，加固之后，系统中不再存在高风险和中风险安全漏洞。安全加固的基本原则如下。

（1）安全加固不能影响目标系统所承载业务的正常运行。

（2）安全加固不能严重影响目标系统自身的性能。

（3）安全加固不能导致与目标系统相连的其他系统的安全性和其他性能明显下降。

在工业控制网络中，工业控制系统、设备互相关联和影响，需要对工业控制网络作为一个整体进行安全加固。下面从补丁管理、网络边界、工业控制系统及设备、主机及服务器等几个方面介绍安全加固的技术及措施。

（二）补丁管理安全加固

一旦在工业控制网络及系统中发现漏洞，就需要立刻从安全角度进行漏洞修复。根据漏洞的性质及特点，可以采取打升级补丁的方法进行漏洞修补。安装升级补丁的修复方法需要小心操作，因为升级过后的补丁本质上是一段用于修复已知漏洞的新代码，这段代码在安装前应进行仔细测试。

在多数工业控制系统环境下，由于业务的敏感度非常高，所以进行补丁验证的时候需要慎重。下面介绍三种相对安全和常用的现场补丁验证方案。

（1）原型验证。不少企业的工业控制系统，为了后期出现问题的分析定位或者进行进一步研究，在实施或者设计该工业控制系统的合作单位处，还会单独有一套各方面都一比一进行设计建造的系统。如果有一些新的漏洞补丁需要验证进行测试，在这种系统下进行是最为合适的。

（2）停机验证。工业控制系统一般会有一些时间点进行停机检修，在此期间也一般会进行安全检测，此时可借机进行一些最新漏洞和缺陷的扫描及测试。

（3）备件验证。在各种因素受限、短期内不具备前两者条件的情况下，可以考虑使用工业控制系统的一些备用件进行单元测试。

一旦升级的补丁通过验证，应用升级过后的补丁时也需要谨慎对待，即使是自身纯净的文件或者程序也可能影响目标系统的正常运行，特别是在工业设备上使用旧版操作系统，而供应商只对新版本操作系统的软件更新进行测试和提供技术支持。为了确保新的补丁或配置不会影响目标系统，必须在功能识别测试系统上对应用程序进行完整的测试。理想情况下，应保持一个独立的测试网络，该网络包含所有系统的离线版本。由于操作系统的细小变化都可能会影响第三方软件的使用，因此若要给操作系统打补丁，就应该充分测试该主机上的所有使用中的应用程序。

（三）网络边界安全加固

在工业控制业务场景下主要有企业信息网、监控管理网、设备控制网三套网络。网络的边界处针对工业控制系统在数据采集过程中需要进行安全加固，可以采用数据采集隔离、工业网闸或者工业防火墙技术进行，加固的隔离措施需要具备对工业控制协议的深度解析和防护能力，可自由部署五元组防护策略，并对端口进行动态识别与控制，同时也成为数据中转缓冲的隔离区，有效防止不同网络间的数据透传。可以遵循以下几项原则：将流入和流出流量予以区分并制定不同的安全策略；只开放使用的正常业务端口；主要业务和普遍适用的安全策略放置于前面，以减少无谓的消耗；根据安全告警信息和SIEM分析结果，选择性地在某些时间段关闭一些业务端口或者地址等。

（四）工业控制系统及设备安全加固

在工业控制网络中，存在众多的PLC、DCS、SCADA等设备及系统，针对工业控制设备和系统需要在上线及停机检修时进行漏洞检测，并对发现的漏洞进行修复。对

于在线运行的工业控制系统及网络，可以进行整体的安全风险及威胁评估，根据评估结果对其风险进行加固。如对于无法进行漏洞修复的设备，可以对其进行流量的审计，同时也可在其前端部署安全防护设备，实现多种工业控制网络协议数据的检查、过滤、报警、阻断功能，另外还有基于工业漏洞库的黑名单入侵防御、基于机器学习的白名单主动防御以及大规模分布式实时网络部署和更新等功能，从而对 PLC 等工业控制设备及系统进行实时的全面保护。这样，通过各种方法快速识别出系统中的非法操作、异常行为及外部攻击，第一时间执行告警和阻断，从而实现工业控制系统及设备的安全加固。

（五）主机及服务器安全加固

信息系统的绝大多数安全威胁来自内部，包括未授权的访问、安全漏洞和信息泄露、内部人员的恶意攻击等。因此，需要加强内部网络尤其是主机及服务器的安全。安全加固的内容主要包括主机的脆弱性、攻击类型、人员安全意识和行为习惯。

针对工业控制网络中主机及服务器安全加固，需要监控工业控制主机、服务器的进程状态、网络端口状态以及 USB 端口状态，并以白名单技术方式全面保护主机、服务器的资源使用。按照白名单的配置，会禁止非法进程的运行，禁止非法网络端口的打开与服务，禁止非法 USB 设备的接入，进而切断病毒和木马的传播与破坏路径。

针对工业控制网络中主机、服务器安全加固，需要提供严格的 USB 存储设备管理，U 盘、USB 硬盘等存储设备在接入工业控制主机使用前，必须先经过使用授权。未经授权的 USB 存储设备不能使用，经过授权的设备也不能进行超越其权限的操作。通过授权管理能够有效防止文件泄密。同时，还需要审计 USB 存储设备的文件操作行为，为事后追责提供依据。若有条件，不建议使用 USB 设备存储数据而使用光盘刻录。

除了上述补丁管理、网络边界、工业控制系统及设备、主机及服务器的主流安全加固技术外，还需要根据加固目标的不同引入其他措施，如修补系统 Bug、严格账号策略、用户授权认证、登录口令认证、停止多余服务等通用的加固技术及措施。

第二节　上云数据安全分析

考核知识点及能力要求：

- 了解数据可用性和完整性知识；
- 能够利用安全工具实现上云数据分析，及时发现数据可用性、完整性等方面的问题。

数据安全是指通过技术或非技术方式保证数据访问受到合理的控制，同时保证数据不因人为或意外损坏而泄露或更改。由于云计算架构与传统软件架构的区别，传统的数据安全技术可能不再适用，云计算在技术方面主要通过入侵检测、防火墙、安全配置、访问认证、权限控制、数据加密、数据备份等手段来保证数据安全，在非技术方面可以通过制定相关法律和规章制度保证数据安全。

云计算数据的处理和存储都在云平台上进行，计算资源的拥有者与使用者相分离已成为云计算模式的固有特点，云计算的使用者不可避免地会担忧私有数据的存储安全和隐私性保护。用户数据甚至包括涉及隐私的内容在远程计算、存储、通信过程中都有可能被泄露，同时存在因断电或宕机等物理设备故障导致的数据丢失等问题。虽然云服务提供商可以组织安全服务队伍对整个系统进行专业化安全管理，但由于云计算系统巨大的规模以及极高的开放性与复杂性，其安全问题依然面临着前所未有的严峻考验。对于不可靠的云基础设施和服务提供商，甚至可能通过对用户行为的分析推测获知用户的隐私信息。这些问题都将导致用户与云服务提供者之间的冲突，降低用户对云服务提供商的信任度，进而影响云计算应用的推广。

一、数据可用性

数据的可用性是指数据不会因为恶意攻击或物理设备故障等问题而变得不能使用。影响数据可用性的因素主要包括云服务商提供的基础架构的可靠性与 DDoS 攻击等。对于云服务商提供的基础架构而言，保证其可靠性的同时要尽可能满足为用户提供全天候、不间断的云服务，使用户可以随时随地访问或操作自己的数据。同时，由于一些云服务商的服务是建立在其他云提供商提供的基础架构上，所以前者提供服务的可靠性依赖于后者基础架构的可靠性，从而使数据的可靠性与可用性问题变得更加复杂。

一般来说，解决数据可用性问题的方法是冗余备份。在用户选择云服务商的时候，不但要了解云服务商是否具备数据恢复能力，还必须知道云服务商能在多长时间内完成数据恢复。例如，Hadoop 的分布式文件系统（HDFS）采用机架感知策略来改进数据的可靠性、可用性和网络带宽的利用率，通过机架感知技术管理文件系统的元数据（Name Node）可以确定每个实际存储的数据（Data Node）所属的机架 ID。通常来说，当复制因子为 3 时，分布式文件系统（HDFS）的部署策略是将一个副本放在本地机架上的节点，另一个副本放在同一个机架上的另一个节点，最后一个副本放在不同机架上的一个节点，这种部署策略可以防止整个机架失效的情况下数据丢失，从而保证数据的可用性。

工业现场生产数据、工业设备数据等通过工业网关传输到工业互联网平台后，需要使用上述云计算技术保障上云数据的可用性。

二、数据完整性

数据的完整性是指数据没有遭受非法篡改或删除，保持真实有效的性质。影响数据完整性的主要因素有三个。

（1）物理存储设备容量的增长速度落后于云计算中数据的增长速度，为满足云计算中海量数据的存储需求，就极有可能造成节点失效、物理存储设备失效甚至数据崩溃或丢失。

（2）即使物理存储设备可以满足不断上涨的数据量，但如果无法提高数据的访问速度，依然会导致数据更新或存取错误甚至是访问失败，从而无法保证数据的完整性。

（3）非授权用户人为地篡改或删除数据。

传统的数据完整性校验方法需要将数据下载到本地才能进行校验。由于云计算中的数据量极大，下载数据块将给网络带来沉重的负担，面对海量数据时甚至会发生无法处理的情况。维持云环境下数据的完整性将保证用户信息资产的安全。

信息认证编码和数字签名是保证数据完整性的两种常用方法。前者依赖对称密钥产生校验并附加在数据后面，后者则依赖公共密钥结构。因为对称算法相较于非对称算法速度上有优势，因此基本上采用信息认证编码作为数据的完整性检查机制。

通过工业网关采集的工业现场生产数据、工业设备数据等传输到工业互联网平台后，需要使用上述方法进行校验，确定数据的完整性，即在数据传输过程中未被篡改。不完整的数据将影响基于数据模型的分析和决策，进而对生产管控造成影响。

第三节　安全防护设备日常维护

考核知识点及能力要求：

- 能够对工业防火墙等常规安全设备进行日常监控和维护。

工业防火墙日常使用过程中的维护操作，通常包括信息查看类、配置类和故障处理类。

一、信息查看类日常维护

信息查看类日常维护主要包括以下五个方面。

1. 查看设备运行状态

通过 Web 方式查看设备部件状态，查看 CPU 使用率、内存使用率、CF 卡使用率等信息；或通过命令行界面（Command-line Interface，CLI）方式查看设备部件状态，通常在发现某单板运行不正常时查看该单板状态。

2. 查看接口流量

通过 Web 方式查看接口流量；通过 CLI 方式查看接口信息，该命令可以查看接口的 IP 地址、物理层及协议层状态、接口描述。可以通过设备面板查看设备 ESN 号。

3. 查看会话表

会话表是设备转发报文的关键表项。所以当出现业务故障时，通常可以通过查看会话表信息，大致定位发生故障的模块或阶段。

4. 查看日志和报表

当提交查询某类别报表的请求时，日志系统将本地硬盘或内存中存储的对应类别日志数据进行统计分析和加工形成报表。日志产生较多时，建议为设备配置硬盘，以免旧的日志被新的日志覆盖导致日志信息丢失。

5. 查看 VPN 状态

查看每个 VPN 隧道的状态，包括隧道的名称、本端地址、对端地址、算法、协商数据流、持续时间以及发送接收速率等信息。

二、配置类日常维护

配置类日常维护主要包括以下八个方面。

1. 创建新的管理员

可使用 Web 创建新的管理员。创建管理员时，可以直接把缺省的角色赋予管理员，也可以根据需要创建新的角色。

2. 修改管理员密码

为了保证账号的安全，要求管理员必须定期修改自己账号的密码。

3. 修改 Web 服务端口号

配置完成后，管理员使用 Web 浏览器访问 8888 端口（http：//x.x.x.x：8888）。

4. 更新 License（许可证）

当设备上原有 License 到期后，需要重新申请、加载和激活新的 License。

5. 备份配置文件

为保证配置文件的安全性，定期将设备的当前配置文件备份到管理员 PC。

6. 固件升级

可通过在线方式下载最新版本的固件，然后存储到工业防护墙的指定位置。

7. 配置 IP-MAC 绑定

可通过 Web 方式或 CLI 方式配置 IP-MAC 绑定。

8. 配置网络地址转换（Network Address Translation，NAT）

可使用 Web 方式或 CLI 方式配置 NAT。

三、故障处理类日常维护

故障处理类日常维护主要包括以下六个方面。

1. 恢复管理员密码

Console 口密码遗忘后，管理员可以使用具有三级或以上级别的其他管理员账号，通过 Web、Telnet、SSH 方式登录设备，修改 Console 口的密码。

2. 恢复出厂配置

恢复出厂配置可将配置信息恢复至出厂时的缺省配置。恢复出厂配置将导致当前配置丢失，操作前应确认是否需要备份配置。

3. 恢复配置文件

前提条件是已备份过设备的配置文件，维护周期以周为单位。

4. 升级特征库

升级特征库可以提升设备对入侵行为、病毒、应用识别、IP 信誉、恶意域名、文件信誉和 IP 地址所属地区的检测能力和检测效率。可通过 Web 方式在线升级特征库。

5. 升级系统软件

管理员通过更换系统软件来升级设备。

6. 采集故障信息

发生故障时，需要收集故障时间、故障现象等基本故障信息。

第四节　安全防护记录与报告

考核知识点及能力要求：

- 能够编写安全防护运维操作记录、系统加固报告、评估报告。

一、安全防护运维操作记录

（一）硬件运维记录

（1）设备基本信息记录。通过检查设备面板，记录设备型号、设备出厂编号（SN）。还可以通过登录 Web 界面在首页处记录下设备型号及序列号。

（2）环境检查记录。检查机房温度计、湿度计，查看是否符合设备运行环境要求。

（3）指示灯检查记录。检查设备工作状态、设备供电状态等指示灯。

（4）电源检查记录。检查电源插头是否松动、电源指示灯在正常工作下是否常亮、电源风扇是否正常旋转。

（二）系统运维记录

（1）软件版本记录。通过命令查看当前软件版本并进行记录，以便未来发现新漏洞后进行针对性的补丁升级。

（2）许可检查记录。通过命令查看当前许可到期时间。有即将到期或已经到期的联系厂家工作人员重新申请。

（3）连接数检查记录。通过命令检查设备连接数，超出最大连接数时会出现无法新建连接问题。如果连接数剧增，需要检查网络中是否有攻击现象。

（4）CPU 状态检查记录。通过命令检查 CPU 状态。CPU 利用率长时间保持在 100%，说明工作异常，需要进一步检查。

（5）内存状态检查记录。通过命令检查内存状态。

（6）HA 状态检查记录。通过登录到 Web 界面相关“HA 监控”设置查看 HA 状态，分别记录正常运行下主状态和备状态。

（7）日志检查记录。通过日志信息检查，可以对设备问题、网络问题进行跟踪定位。

（8）系统运行时间检查记录。通过命令检查连续运行时间，用来判定是否出现过非人为干预的设备重启。

（三）软件运维记录

（1）软件运行状态巡检记录。软件运行状态巡检记录包括服务端软件运行状态检查和客户端软件运行状态检查。

（2）服务端运行环境检查记录。服务端运行环境检查记录包括操作系统（CPU、内存、硬盘使用率、系统版本、补丁等）、网络通信（网络延迟、会话连接数等）、数据库空间、运行状态等。

（3）软件系统检查记录。软件系统检查记录包括软件版本、许可检查（有效期）、病毒库日期、异常日志文件、策略风险评估、多级控制中心（如有）状态检查等。

（4）配套硬件（如有）检查记录。配套硬件（如有）检查记录包括硬件运行状态检查、异常日志检查等。

二、系统加固报告

系统加固是针对漏洞扫描、渗透测试、安全评估等过程中发现的安全设备、网络设备、工控设备、终端和服务器等的各种安全隐患，通过打补丁、安全配置增强、系统架构和安全策略调整等方式及时进行加固和安全优化，提高系统的安全性和抗攻击能力，以期将整个系统的安全状况维持在较高的水平，减少安全事件发生的可能性。

（一）系统加固流程

在进行安全加固工作时，应提前做好数据备份、系统监控、回退方案等准备工作，避免由于安全加固对业务造成影响。系统加固的大概流程如下。

1. 加固申请

向系统管理员提交实施系统加固方案和风险规避方案。加固工作应该安排在业务系统空闲或者非繁忙时段进行。

2. 加固准备

根据流程图准备实施过程中所需要的各项相关文档，包括实施方案、运行监控程序、准备回退方案等。

3. 系统监控

根据加固对象运行的业务，采用自动监控工具或者人工对业务服务进行实时监控，一旦发现异常立刻停止监控，监控一直持续到加固完成后的 24 小时。

4. 实施加固

根据用户认可的安全加固方案进行加固实施操作。

5. 二次评估确认

对加固后的系统进行确认，采用前面风险评估的技术对系统进行加固确认，确认实施的加固项已经生效。

6. 执行回退、修改方案

不论是加固过程中还是加固完毕，一旦发现影响系统的正常运行，应立刻启用风险规避方案，根据加固记录恢复系统正常，并立即通知客户讨论修改加固方案。

7. 整理加固报告

结合原始评估结果和二次评估结果，指明已经解决的风险弱点及操作，同时说明仍存在的风险弱点及其影响分析以及未加固原因，综合上述内容整理成加固报告提交。

（二）系统加固风险以及应对措施

安全加固和优化服务存在以下安全风险。

（1）安全加固过程中的误操作。

（2）安全加固与业务应用系统冲突，安全加固后造成目标主机、设备和网络的资源消耗，导致业务服务性能下降、服务中断。

（3）厂家提供的加固补丁和工具可能存在新的漏洞，带来新的风险。

控制和避免上述风险的措施如下。

（1）制订严格的安全加固计划，充分考虑对业务系统的影响，实施过程避开业务高峰时段。

（2）严格审核安全加固的流程和规范。

（3）严格审核安全加固的各子项内容和加固操作方法、步骤，实施前进行统一的培训。

（4）严格员工工作纪律和操作规范，实施前进行统一的培训。

（5）制定意外事件的紧急处理和恢复流程。

（6）所有的安全加固程序和安全加固操作经过事先验证。

三、安全防护评估报告

2017 年 6 月起施行的《网络安全法》，明确规定国家实行等级保护制度，将等级保护上升为国家意志；2018 年 6 月公安部公布《网络安全等级保护条例（征求意见稿）》，等级保护上升到法律层面；2019 年 5 月网络安全等级保护 2.0 制度正式发布，其中包含工业控制系统安全扩展要求，加强工业控制系统网络安全防护成为刚需。

结合《工业控制系统信息安全防护指南》《关于加强工业控制系统信息安全管理的通知》以及公安部《信息安全技术网络安全等级保护基本要求》等相关要求，需要对工业企业安全软件进行安全防护、身份认证、补丁管理、安全监测、预案策划、供应链管理等操作。

网络安全等级保护 2.0 对工控系统的基本要求包括技术要求和管理要求，如图 7-1 所示。工控系统安全要求在技术要求和管理要求中包括通用要求和扩展要求。安全技术要求通用要求主要有安全物理环境、安全通信网络、安全区域边界、安全计算环境、安全管理中心，管理中心不涉及扩展要求。安全管理要求中，安全建设管理涉及扩展要求。安全建设管理的扩展要求只包括两个要求项。也就是说，做工控网络安全，不仅要满足通用要求，还要满足扩展要求，两者是加法的关系。

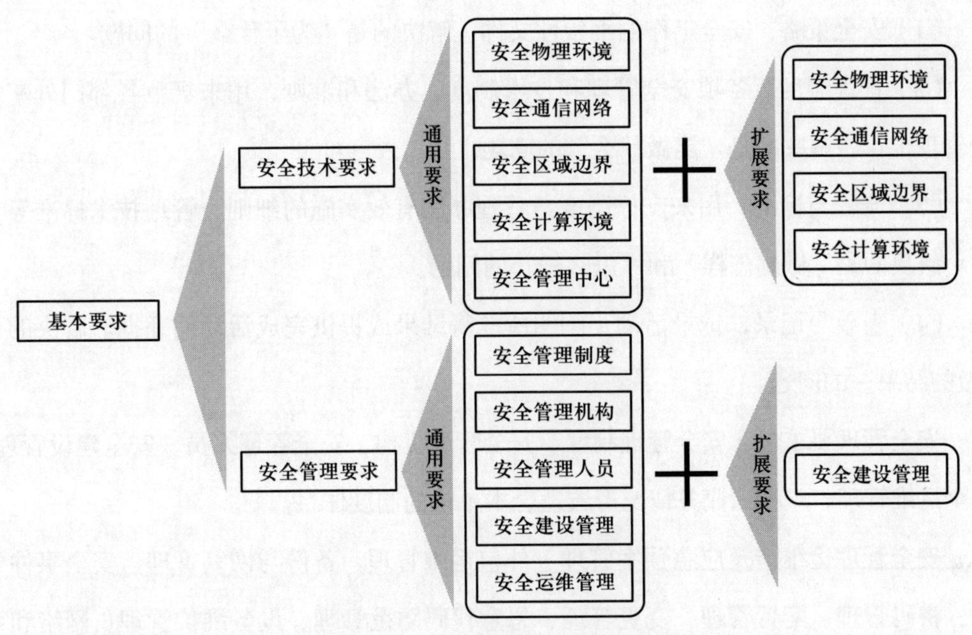

图 7–1　对工控系统的基本要求

安全管理评估要求是根据国家信息安全政策要求，结合用户单位信息安全工作实际需求，建立以信息安全领导小组为核心的信息安全组织架构，制定完善的安全管理方针、制度、流程及执行表单，形成完整的、可执行的信息安全管理体系。工控网络分层的技术评估要求见表 7–1。依据国家信息安全管理标准，结合信息安全管理现状与经验积累，形成以下四级安全管理体系架构。

表 7–1　　工控网络分层的技术评估要求

		安全控制类	L4 企业资源层	L3 生产管理层	L2 过程监控层	L1 现场控制层	L0 现场设备层
安全技术要求	通用要求	安全物理环境	Y	Y	Y	Y	Y
		安全通信网络	Y	Y	Y	Y	Y
		安全区域边界	Y	Y	Y	Y	Y
		安全计算环境	Y	Y	Y	Y	Y
		安全管理中心	Y	Y	Y		
	扩展要求	安全物理环境				Y	Y
		安全通信网络		Y	Y	Y	Y
		安全区域边界		Y	Y	Y	Y
		安全计算环境				Y	Y
		安全管理中心					

（1）安全策略，安全工作的纲领性文件。解决的是“为了什么”的问题。

（2）管理制度，各项安全管理和技术制度、办法和准则，用来规范各部门处室安全管理工作。解决的是“能做什么”的问题。

（3）流程与标准，用来支撑制度与管理办法有效实施的细则、管理技术标准等文件。解决的是“做到怎样”和“怎么做”的问题。

（4）表单与记录，记录活动，阐明所取得结果或提供完成活动的证据。解决的是“做的结果”的问题。

安全管理要求包含安全管理制度、安全管理机构、安全管理人员、安全建设管理、安全运维管理，应根据业务情况形成适合本单位的制度体系。

安全管理运维涉及应急预案管理、外包运维管理、备份与恢复管理、安全事件处置、密码管理、配置管理、变更管理、恶意代码防范管理、设备维护管理、网络和系统安全管理、资产管理、介质管理、环境管理、漏洞和风险管理等控制点，整个过程涉及较多细节，形成的报告、规定、记录、流程等需要予以妥善存档。报告内容主要有《安全数据采集服务》《工业互联网探测服务》《工业企业安全监测》《综合运营管理服务》《应急处置建议》《安全防护建设咨询服务》《合规性咨询服务》《安全态势分析》《威胁告警态势分析》《异常行为态势分析》《脆弱性态势分析》《工业安全评估与检查服务》《工业安全咨询规划服务》《工业安全应急演练服务》《工业安全应急响应服务》《工业软件供应链安全服务》《工业安全攻防演习服务》等。

思考题

1. 工业控制系统上常见的安全漏洞有哪些？
2. 网络设备上常见的安全漏洞有哪些？
3. 安全漏洞扫描工具有哪些？
4. 安全加固的基本原则是什么？
5. 常见的安全加固技术有哪些？试说明其原理。
6. 如何理解数据可用性与数据完整性？
7. 简述系统加固的基本流程。

第八章 工业互联网平台运维

运维管理是工业互联网平台使能技术之一，在平台中的地位极其重要。随着云计算和互联网的高速发展，大量应用需要横跨不同网络终端，并广泛接入第三方服务，平台系统架构越来越复杂。通过了解服务器、微服务相关知识及工作原理，能够对工业互联网平台服务器、网络等基础设备进行日常运维，对工业互联网平台中微服务等进行状态监控、告警分析、日志分析，是工业互联网平台运维人员必须具备的能力。

- **职业功能：**工业互联网平台运维。
- **工作内容：**监控工业互联网平台基础设施运维及运行状态。
- **专业能力要求：**能对工业互联网平台服务器、网络等基础设备进行日常运维；能对工业互联网平台中微服务等进行状态监控、告警分析、日志分析。
- **相关知识要求：**服务器知识；工业互联网平台管理员常规运维操作知识。

第一节　工业互联网平台基础设施运维

考核知识点及能力要求：

- 了解服务器的定义和分类，了解网络设备；
- 能够对工业互联网平台服务器、网络等基础设备进行日常运维。

工业互联网平台的硬件资源主要包括服务器、存储、网络设备、负载均衡设备，它们是承载云计算服务的基础设施。

一、服务器概述

（一）服务器定义

服务器是 20 世纪 90 年代迅速发展的主流计算机产品，能为网络用户提供集中计算、信息发布及数据管理等服务，也可以将其连接的硬盘、打印机及各种专用通信设备共享给网络上的用户使用。服务器属于高性能的计算机，是网络上的重要枢纽，用于存储和处理网络上 80% 的数据和信息。

（二）服务器分类

1. 按服务器的硬件形态分类

（1）塔式服务器。塔式服务器又称为台式服务器，是独立放置于桌面或地面的服务器。塔式服务器的外形及结构与平时使用的立式计算机类似，但塔式服务器机箱比立式计算机大，以便预留足够的内部空间进行硬盘和电源的冗余扩展。

（2）机架式服务器。机架式服务器是指安装在采用电信机房机柜（设备结构标准的宽度为 19 英寸）里的服务器。机架式服务器高度以“U”为单位（1 U=44.45 mm=1.75 英寸），通常有 1 U、2 U、4 U、6 U、8 U 几种规格。

（3）刀片式服务器。刀片式服务器是指在标准高度的机架式机箱内可插装多个刀片的服务器，是一种高可用、高密度的服务器。一般包括卡式的服务器单元、刀片机框（含背板）及后插板三大部分。不同厂商有不同高度的机框，各厂商机框的宽度均为 19 英寸，可安装在 42 U 的标准机柜上。通常在一个刀片机框里可以插入数量不等（8 ~ 20 块）的“刀片”，每一块“刀片”实际上就是一块服务器主板。

目前，从服务器的硬件形态来看，云计算主要采用机架式服务器和刀片式服务器。它们都是专门为某一种或某几种功能而设计的服务器，属于功能型服务器。

2. 按 CPU 的架构分类

服务器 CPU 的架构实际上是指 CPU 指令集。按照 CPU 指令集，服务器可分为以下几类。

（1）复杂指令集。① Intel 的 x86 系列 CPU 及其兼容 CPU，除 Intel 的安腾系列 CPU 除外；② AMD 全系列 CPU；③复杂指令集架构的服务器主要用于中低端服务器，适用于中小企业和非关键性业务。

（2）精简指令集。①采用精简指令集处理器的小型机；②专用平台、专用系统；③大型应用后台密集集中处理；④精简指令集架构服务器主要用于中高端服务器，适用于电信、金融等大型企业的核心业务系统。

（3）显示并行指令集。最重要的就是并行处理。并行处理是计算机系统中能同时执行两个或两个以上任务的一种计算方法，主要目的是缩短解决大型和复杂问题的处理时间。

二、服务器运维

（一）服务器运维工作内容

1. 服务器运维的日常工作

（1）负责服务器的硬件配置、软件安装、机房上下架等技术维护工作。

（2）负责虚拟化技术产品物理机配置、管理以及日常运行监控和维护。

（3）负责独立主机或虚拟应用产品的开通使用、日常维护、故障诊断和排除。

（4）提供独立主机或虚拟应用客户产品操作和应用方面的技术支持。

（5）监视分管的服务器，及时发现问题并积极解决问题。

2. 服务器运维工作职责

（1）服务器架构及项目部署。①网络资源与服务器资源的规划与使用；②服务器安装、架构搭建和环境搭建；③服务器系统、环境参数优化与安全设置；④项目发布与更新。

（2）监控及故障排查解决。监控平台搭建及被监控服务器的设置。①监控平台搭建；②根据实际情况制定相关监控项目；③被监控服务器的设置，达到监控的目的。

故障排查及解决。①故障排查：加电类故障、启动与关闭类故障、磁盘类故障、显示类故障、安装类故障、操作与应用类故障、局域网类故障、端口与外设故障；②解决：根据实际情况，制定相关的排错方法以达到高效处理问题的目的。

（二）服务器操作系统的运行状态分析

服务器的系统及服务器中所配置组件的正常运行，是保证服务器正常运行的前提。类似所安装的计算机管家软件，能实时监控计算机的运行状态，防止计算机因 CPU 温度过高、硬件故障导致计算机出现瘫痪。对于工业互联网平台服务器的运维，了解当前服务器是否处于健康运行状态非常重要。服务器常用命令见表 8–1。

表 8–1　　服务器常用命令

类别	命令	说明
关机 / 重启	shutdown –h now	关闭系统
	reboot	重启
文件和目录	cd /home	进入“/home”目录
	cd ...	返回上一级
	pwd	显示当前工作路径
	LS	查看目录中的文件
	mkdir dir	创建一个叫 dir 的目录
	rm – rf dir1	删除一个叫 dir1 的目录

续表

类别	命令	说明
文件搜索	find / –name file1	从“/”开始进入根文件系统搜索文件和目录
	which halt	显示一个二进制文件或可执行文件的完整路径
	whereis halt	显示一个二进制文件、源码或 man 的位置
磁盘空间	df –h	显示已经挂载的分区列表
	du –sh dir1	估算目录“dir1”已经使用的磁盘空间
打包和压缩文件	gzip file1	压缩一个叫“file1”的文件
	unzip file1.zip	zip 格式压缩包
	gunzip file1.gz	解压一个叫“file1.gz”的文件
	tar –cvf archive.tar file1	创建一个非压缩的 tar 包
	tar –cvfz archive.tar.gz dir1	创建一个 gzip 格式的压缩包
	tar –zxvf archive.tar.gz	解压一个 gzip 格式的压缩包
	zip file1.zip file1	创建一个 zip 格式的压缩包
查看编辑文件内容	cat file1	从第一个字节开始正向查看文件的内容
	head –2 file1	查看一个文件的前两行
	tail –2 file1	查看一个文件的最后两行
	tail –f /var/log/messages	实时查看被添加到一个文件中的内容
	vim file1	编辑 file1 文件
查看服务器状态	top	查看服务器中所有服务运行状态
	vmstat 2	每 2 s 采集一次服务器状态
	netstat –apn l grep 80	查看 80 端口是否被占用
	ps –ef l grep redis	查看 redis 服务是否启动
	kill –9 pid	杀死某一个进程号
	free –m	查看服务器内存

top 指令经常用来监控 Linux 的系统状况，如 CPU 和内存的使用情况等，如图 8–1 所示。

```
top - 11:05:37 up 59 min,  1 user,  load average: 0.57, 0.61, 0.55
Tasks: 137 total,   1 running, 136 sleeping,   0 stopped,   0 zombie
%Cpu(s):  3.2 us,  0.7 sy,  0.0 ni, 96.1 id,  0.0 wa,  0.0 hi,  0.0 si,  0.0 st
KiB Mem :  1008148 total,   115676 free,   622832 used,   269640 buff/cache
KiB Swap:  2097148 total,  1560844 free,   536304 used.   169136 avail Mem

  PID USER      PR  NI    VIRT    RES    SHR S %CPU %MEM     TIME+ COMMAND
53736 root      20   0 2523728 108528  11148 S  0.7 10.8   0:01.15 java
  670 root      20   0  305080   1592   1152 S  0.3  0.2   0:03.88 vmtoolsd
  927 root      20   0  725772  34256   7516 S  0.3  3.4   0:11.59 dockerd
 1023 root      20   0  441360  16092   2372 S  0.3  1.6   0:05.95 docker-containe
 1629 1000      20   0 2932320  16304   2272 S  0.3  1.6   0:04.82 java
 1715 polkitd   20   0   40696    688    424 S  0.3  0.1   0:05.62 redis-server
 1791 polkitd   20   0 1100284    540      0 S  0.3  0.1   0:02.25 mysqld
 4171 root      20   0 2513084 278392   4800 S  0.3 27.6   0:31.97 java
16736 root      20   0       0      0      0 S  0.3  0.0   0:00.75 kworker/0:3
46222 root      20   0  157732   2248   1536 R  0.3  0.2   0:00.37 top
    1 root      20   0  128180   3976   2392 S  0.0  0.4   0:02.85 systemd
    2 root      20   0       0      0      0 S  0.0  0.0   0:00.00 kthreadd
    3 root      20   0       0      0      0 S  0.0  0.0   0:00.60 ksoftirqd/0
    5 root       0 -20       0      0      0 S  0.0  0.0   0:00.00 kworker/0:0H
```

图 8–1　服务器状态查看

第一行是任务队列消息，其参数见表 8–2。

第二、第三行为进程和 CPU 信息，当有多个 CPU 时，内容可能会超过两行，其主要参数含义见表 8–3。

第四、第五行为内存信息，其参数含义见表 8–4。

最后为所有的进程信息，可查看当前服务器的所有进程、进程优先级、CPU 占用率、进程占用的内存总量等信息。其中 PID 为进程 ID，PR 为优先级，VIRT 为进程使用的虚拟内存总量（单位 kb）。

表 8–2　任务队列消息分析

名称	含　义
11：05：37	表示当前时间
up 59 min	系统运行时间为 59 min
1 user	当前登录用户数为 1 个
Load average：0.57，0.61，0.55	系统负载，即任务队列的平均长度。三个数值分别为 1 min、5 min、15 min 前到现在的平均值。如果这个数除以逻辑 CPU 的数量，结果高于 5 的时候就表明系统在超负荷运转

表 8-3　进程和 CPU 信息分析

名称	含　义
137 total	进程总数
1 running	正在运行的进程数
136 sleeping	睡眠的进程数
0 stopped	停止的进程数
0 zombie	僵尸进程数
3.2 us	用户空间占用百分比
0.7 sy	内核空间占用百分比
0.0 ni	用户进程空间内改变过优先级的进程占用 CPU 百分比
96.1 id	空闲 CPU 百分比

表 8-4　内存信息分析

名称	含　义
total	物理内存总量
free	空闲内存总量
used	使用的物理内存总量
buff/cache	用作内核缓存的内存量
avail Mem	代表可用于进程下一次分配的物理内存数量

三、网络设备概述

网络设备是承载云计算服务的基础设施之一。常用的网络设备有交换机和路由器。

（一）交换机

交换机能够提供大量的接入端口，可以使越来越多的用户接入到网络。交换机按功能可分为二层交换机和三层交换机。

二层交换机是一种可以完成数据交换功能的网络设备，它工作在数据链路层。一般来说，交换机有多个端口，可以连接工作站和服务器等。因此，交换机又称为多端口网桥。二层交换设备通过识别数据帧里面的 MAC 地址信息，根据 MAC 地址表来进行数据转发，从而在数据链路层实现同一网段内快速数据的转发。但二层交换机的缺

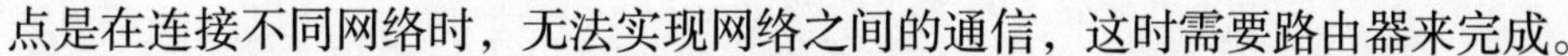

点是在连接不同网络时，无法实现网络之间的通信，这时需要路由器来完成。

三层交换机是将二层交换和三层转发合二为一的技术，从本质上来说就是带有路由功能的二层交换机。由于路由属于 OSI/RM 中网络层的功能，因此带有第三层路由功能的交换机才称为三层交换机。路由器的三层转发主要靠 CPU 进行，而三层交换机的三层转发依靠硬件 ASIC 芯片完成，现在很多网络上能实现线速转发。

（二）路由器

早期的网络中一般使用二层交换机来构建局域网，而不同局域网之间的网络互通是由路由器来完成的。路由器具备丰富的接口类型、良好的流量服务等级控制、强大的路由能力。

路由器是连接不同局域网、广域网的硬件设备。路由器工作在 OSI/RM 的网络层，是连接不同网络的枢纽。路由器的主要工作是为经过的每个数据包查找出一条最优的传输路径。因此，路由器中会保存各种数据包的相关传输路径数据，即路由表供路由选择时使用。路由表中保存着网络前缀信息、下一跳路由器 IP 地址、出接口、度量值和开销值等内容。

第二节　工业互联网平台运行状态监控

考核知识点及能力要求：

- 了解微服务工作原理；
- 了解工业互联网平台管理员常规运维操作知识；
- 能够对工业互联网平台中微服务等进行状态监控、告警分析、日志分析。

一、工业互联网平台资源使用与告警监控

通过平台运维工具，可以监控平台的 CPU、内存、网络使用情况等资源使用情况，如图 8–2 所示。

云平台产生报警的原因有：服务注册失败；服务器繁忙，如某个服务节点 CPU 利用率高；网络 IO 超过 VM/EIP 带宽；等待后端微服务、数据库的超时时间设置过长等。如图 8–3 所示，展示了不同报警事项的实际状态，如正常（OK）、警告（WARN）。

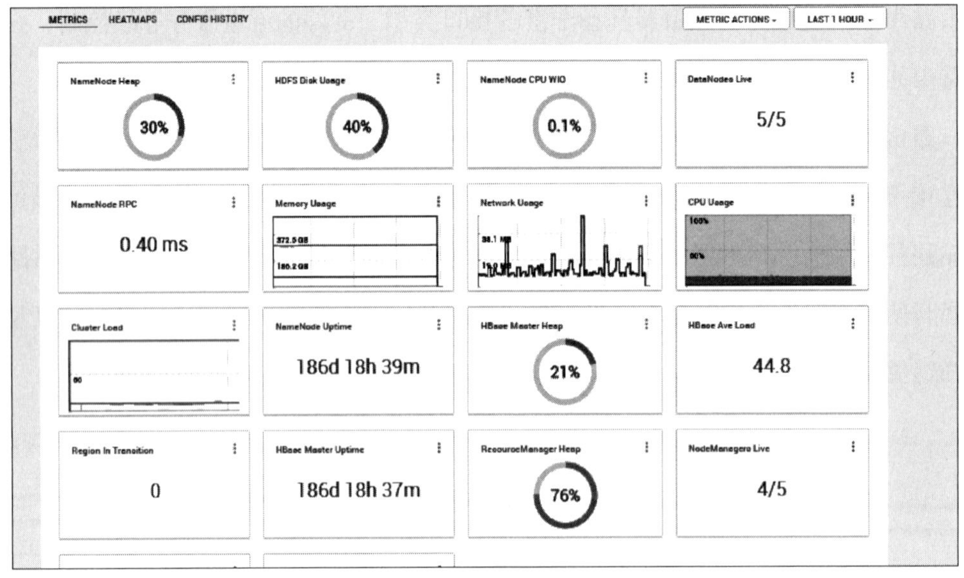

图 8–2　监控面板

Alerts

Status	Alert Definition Name	Service	Last Status Changed	State
CRIT	ATSv2 HBase Application	YARN	4 months ago	Enabled
CRIT	Ambari Server Alerts	Ambari	6 months ago	Enabled
WARN	Percent NodeManagers Available	YARN	2 minutes ago	Enabled
WARN	Component Version	Ambari	about a year ago	Enabled
WARN	Metadata Server Web UI	Atlas	3 months ago	Enabled
OK (11)	Metrics Monitor Status	Ambari Metrics	11 months ago	Enabled
OK (11)	Ulimit for open files	Ambari	about a year ago	Enabled
OK (11)	Ambari Agent Distro/Conf Select Versions	Ambari	about a year ago	Enabled
OK (11)	Host Disk Usage	Ambari	about a year ago	Enabled
OK (11)	Ambari Agent Heartbeat	Ambari	6 months ago	Enabled

图 8–3　告警分析面板

二、微服务状态监控

（一）微服务简介

近年来微服务框架越来越受到关注，之前通用的软件设计模式是使用客户端－服务器模式的架构，应用程序在开发、测试、打包和部署阶段都是作为一个整体存在。这种架构使得持续交付变得充满挑战，因为应用程序的最小改变也需要整个应用的重新编译和测试。

微服务是一种将应用分解成小的、自治服务的软件架构，每个服务被独立地开发、测试和部署，服务间使用约定的应用程序编程接口（Application Programming Interface，API）进行通信，所有的服务组合在一起，通过 API Gateway 向外提供服务。微服务提高了应用的灵活性、扩展性和高可用性，在 PaaS 平台上部署微服务框架，需要系统提供完整的服务治理功能，包括服务的注册、发现、管理、授权、分布式事务、调用链分析等功能。

与传统架构不同，微服务架构是由一系列职责单一的细粒度服务构成的分布式网状结构，服务之间通过轻量机制进行通信，这时需要有服务的注册和发现功能，服务提供方要将自己的服务地址进行注册，服务的调用方可以从服务注册中心找到需要调用的服务地址。同时，服务提供方一般以集群方式提供服务，通过负载均衡解决服务间的流量转发的问题。微服务需要服务网关，通过它提供统一的对外接口来调用微服务的 API，对于后台的运维和管理还需要一套基础管理平台，包括监控、自动化等功能。即一个简单的微服务架构需要注册中心、服务发现、负载均衡、服务网关等相关组件和提供管理、监控、自动化等基础平台。

微服务是把业务进行原子性的拆分，并以进程的形式独立地运行。在传统架构中需要一台虚拟机运行一个微小的应用，会造成资源浪费，而以容器为架构，微服务独立运行在容器中，与主机操作系统共享硬件资源，更加快速、小巧，且不需要 VMM 中间层虚拟化的翻译，资源利用率更高，响应速度更快。

（二）微服务运行状态监控

微服务创建之后都统一注册到微服务的注册中心，注册中心会实时显示微服务是否正常在线。如果正常，状态就显示 UP；如果异常，状态就显示 DOWN，如图 8–4 所示。如果遇到微服务异常，可以根据注册中心的微服务名称查询具体微服务的故障点。

Instances currently registered with Eureka

Application	AMIs	Availability Zones	Status
EUREKA-SERVER	n/a (2)	(2)	UP (2) - admin-PC:eureka-server:1112 , eureka-server-891068974
SERVICE-CONSUMER	n/a (2)	(2)	UP (2) - admin-PC:service-consumer:3334 admin-PC:service-consumer:3333
SERVICE-PROVIDER	n/a (1)	(1)	UP (1) - admin-PC:service-provider:2222
SERVICE-PROVIDER	n/a (1)	(1)	UP (1) - admin-PC:service-provider:2223

图 8–4　微服务状态

思考题

1. 什么是服务器？如何对服务器进行分类？
2. 服务器运维工作内容有哪些？
3. 简述微服务的工作原理。
4. 常用的网络设备有哪些？并简述这些网络设备的工作原理。

第九章 标识解析系统运维

标识解析系统是标识解析体系的重要组成部分之一，是实现全球供应链系统和企业生产系统精准对接、产品全生命周期管理和智能化服务的前提和基础。为了保障标识解析系统正常运行，日常运维工作必不可少。通过了解标识解析系统运维、脚本编程语言知识，以及异常状况处理方法，能够使用主流的数据分析工具对标识解析系统的各类型日志数据进行统计和分析，能够排查常见故障，并能够完成标识解析系统升级和安全补丁修复等任务。

- **职业功能：**标识解析系统运维。
- **工作内容：**对标识解析系统进行升级与安全加固。
- **专业能力要求：**能识读、运行运维脚本；能使用状态监测工具监测标识解析系统运行状态；能使用主流的数据分析工具对标识解析系统的各类型日志数据进行统计和分析；能完成标识解析系统升级和安全补丁修复等任务；能根据故障告警排查常见故障。
- **相关知识要求：**脚本编程语言知识；标识解析系统异常状况处理方法。

第一节 标识解析系统运行状态监控与常见故障处理

考核知识点及能力要求：

- 了解脚本编程语言知识；
- 能够使用状态监测工具监测标识解析系统运行状态；
- 能够使用主流的数据分析工具对标识解析系统的各类型日志数据进行统计和分析；
- 能够根据故障告警排查常见故障。

一、基础设施状态监控

使用状态监测工具监测标识解析系统的运行状态，使用云监控服务对本系统所使用云服务器的 CPU、内存、磁盘进行监控，当超过设置参数时，发出告警邮件及短信。

云监控服务是对云资源进行监控的工具，监控云上的资源使用情况、业务运行状况。同时还具备自定义告警功能，根据配置的规则发送告警通知，降低运维成本。

监控主要通过如下两个方面进行。

（1）云服务资源监控。云服务资源对应的各种性能指标的监控、资源的使用情况等。

（2）监控告警。可配置云服务资源的告警规则，一旦云服务资源发生异常，触发告警规则阈值时，系统会通过短信、邮件等方式发送告警通知，以便及时排查资源及业务异常，迅速定位并处理故障。

二、运维脚本编程语言

脚本语言是比较多的，一般的脚本语言的执行只与具体的解释执行器有关，所以只要系统上有相应语言的解释程序就可以做到跨平台运行。Shell 是常见的脚本语言之一。

Shell 脚本语言是实现 Linux/UNIX 系统管理及自动化运维所必备的重要工具。它是一种具有简单、可移植、开发容易性质的脚本编程语言，以高效、快速的特点应用到各种领域中。

三、服务运行状态监控

利用 Shell 语言编写监控脚本，对系统运行状态以及所用到的中间件进行状态监控，每分钟扫描一次运行状态，如监测到服务停止运行后，通过脚本使服务重新启动。

Crontab 是用来定期执行程序的命令。在服务器中使用 Crontab 定时任务，按分钟定时执行监控脚本，监控服务的状态运行。

四、日志数据统计与分析

日志主要包括系统日志、应用程序日志和安全日志。通过日志，系统运维和开发人员可以了解服务器软硬件信息、检查配置过程中的错误及错误发生的原因。对日志进行分析，可以了解服务器的负荷和性能安全性，从而及时采取措施纠正错误。

ELK 是一款开源的海量日志搜索分析平台，对日志进行集中采集和实时索引，提供实时搜索、分析、可视化、报警等功能，帮助企业在统一平台实时管理日志数据，进行线上业务实时监控、异常原因定位。通过 ELK 日志分析系统对程序日志进行统计，在故障发生后，可以快速分析日志，定位故障点，及时解决。

ELK 主要由 Elasticsearch、Logstash、Kibana 三大组件构成，是一个基于 Web 页面的日志分析工具。

（1）Elasticsearch 是个开源分布式实时搜索引擎，负责数据的实时分析、实时检索、海量存储。它的特点有分布式、零配置、自动发现、索引自动分片、索引副本机制、RESTful 风格接口、多数据源、自动搜索负载等。

（2）Logstash 是一个开源的工具，对日志进行收集、过滤、解析。Logstash 支持

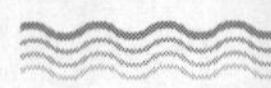

40 多种输入源、30 种日志格式的自动解析、50 多种输出源，能把日志从非结构化数据转化成结构化数据，方便分析。

（3）Kibana 也是一个开源工具，负责 Web 方式的前端展现。Kibana 可以为 Logstash 和 Elasticsearch 提供友好的日志分析 Web 界面，可以汇总、分析和搜索重要数据日志。

五、常见故障处理

标识解析系统基础设施常见故障现象和故障处理方法如下。

（1）系统接口间断性超时，需要检查系统所在服务器时间戳是否关闭。

（2）系统接口响应时间长并且有一定的规律，可能是因为消息中间件 kafka 运行异常，需要查看其是否运行正常。

（3）若上传文件、图片等功能无法使用，需要检查系统所在服务器的 DNS 解析是否正常。

（4）系统运行异常并且无法重新启动时，可能是由服务器的内存不足或者硬盘空间不足导致的，需要分别查看是否有可用硬盘空间和内存空间。

第二节　标识解析系统升级与安全加固

考核知识点及能力要求：

- 能够完成标识解析系统升级和安全补丁修复等任务。

一、标识解析系统升级

Jenkins 是一个可扩展的持续集成（CI）引擎，也是一个开源软件项目，主要用于持续、自动地构建 / 测试软件项目，监控一些定时执行的任务。Jenkins 具有易于安装、易于配置、支持扩展插件、文件识别等特性。目前持续集成已成为许多软件开发团队在整个软件开发生命周期内侧重于保证代码质量的常见做法。

通过 Jenkins 持续集成工具对标识解析系统进行升级。从 Git 上拉取代码、修改系统配置、应用打包、发布至对应机器。如遇到升级后出现系统功能故障甚至功能不可用等异常问题，可使用 Jenkins 工具将系统回退到上一个可用版本，以保证系统的正常运行。

二、标识解析系统安全加固

实现对标识解析系统进行安全加固，可采取如下两个措施。

（1）定期对标识解析系统进行主机安全漏洞、应用安全漏洞扫描，并及时对检测出的中高危漏洞进行修复。

（2）定期扫描标识解析系统所用到的各中间件及数据库是否存在漏洞，并在不影响系统功能的情况下，升级存在漏洞的低版本中间件、数据库。

思考题

1. 标识解析系统状态监控主要对象是哪些？
2. ELK 由哪三大组件构成？简述 ELK 的功能。
3. 如何实现标识解析系统的升级和安全加固？
4. 标识解析系统的常见故障如何处理？

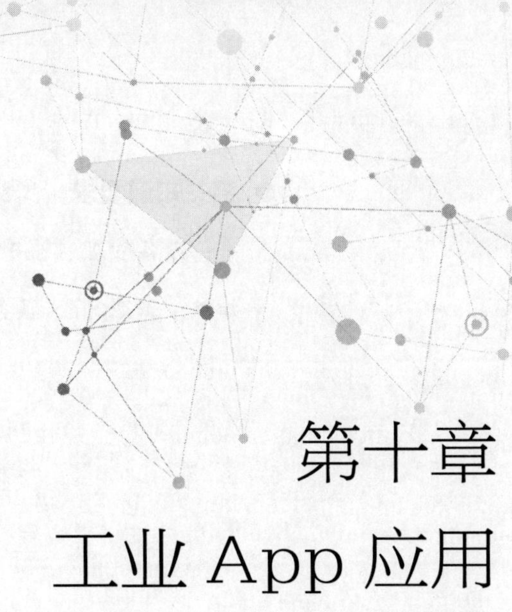

第十章 工业 App 应用

工业 App 是工业软件发展的一种新形态，是将工业机理、技术、知识、算法与最佳工程实践按照系统化组织、模型化表达、可视化交互、场景化应用、生态化演进原则开发形成的应用程序。工业 App 是工业技术软件化的重要成果。通过了解工业 App 基础知识，以及设备管理、生产管理、运营管理等基础知识，能够使用设备管理类工业 App、生产管理类工业 App 以及运营管理类工业 App 等完成相应工作。通过服务需求分析的方法知识，能够完成用户企业工业 SaaS 服务需求调研，并编写满足用户企业需求的工业 SaaS 服务解决方案。

- **职业功能：**工业 App 应用及工业 SaaS 服务推广。
- **工作内容：**使用工业 App 完成设备健康管理、生产监控等工作；编写工业 SaaS 服务解决方案。
- **专业能力要求：**能使用设备管理类工业 App，完成设备健康管理工作；能使用生产管理类工业 App，完成生产监控分析、质量管理等工作；能使用运营管理类工业 App，完成订单管理、供应链管理等工作；能完成用户企业工业 SaaS 服务需求调研；能编写满足用户企业需求的工业 SaaS 服务解决方案。

- **相关知识要求：** 工业 App 基础知识，包括工业 App 定义及类型等；设备管理、生产管理、运营管理基础知识；信息化、数据化知识；工业 SaaS 服务需求分析方法。

第一节　工业 App 的概念

考核知识点及能力要求：

- 了解工业 App 的定义与内涵、工业 App 的典型特征；
- 了解工业 App 类型。

一、工业 App 定义与内涵

（一）工业 App 定义

工业 App 是基于松耦合、组件化、可重构、可重用思想，面向特定工业场景，解决具体的工业问题，基于平台的技术引擎、资源、模型和业务组件，将工业机理、技术、知识、算法与最佳工程实践按照系统化组织、模型化表达、可视化交互、场景化应用、生态化演进原则开发形成的应用程序，是工业软件发展的一种新形态。

工业 App 所依托的平台，不仅包括工业互联网平台、公有云或私有云平台，而且包括大型工业软件平台以及通用的操作系统平台（包括用于工业领域的移动端操作系统、通用计算机操作系统、工业操作系统和工业软件操作系统等）。

工业 App 是为了解决特定的具体问题、满足特定的具体需要而将实践证明可行和可信的工业技术知识封装固化后所形成的一种工业应用程序。工业 App 只解决具体的工业问题。例如，齿轮设计 App 只针对某种类型的齿轮设计问题，而不是将齿轮设计抽象成面向一般几何体设计的点、线、面、体、布尔运算等设计问题。后者是一般工业软件解决的问题。

（二）工业 App 内涵

工业 App 开发包含信息技术人员、工业技术人员、数据科学家三类主体。工业技术人员与信息技术人员是两类传统的主体。新技术条件下，工业 App 开发的主体将越来越向工业技术人员倾斜，工业技术人员利用各种低代码化手段快速将自身所掌握的工业技术知识开发成工业 App。随着大数据技术的发展与应用，数据科学家基于对海量工业数据的处理分析和数据建模，形成数据驱动的工业软件，成为一种新的开发主体。

工业 App 是一种承载特定工业技术知识的软件形式的载体，其所承载的客体对象包括以下几类工业技术知识。

（1）各种基本原理、工业机理、数学表达式、得到验证的经验公式；

（2）业务逻辑，包括产品设计逻辑、CAD 建模逻辑、CAE 仿真分析逻辑、制造过程逻辑、运行使用逻辑、经营管理逻辑等业务逻辑；

（3）数据对象模型、数据交换逻辑；

（4）领域机理知识，包括工业领域航空、航天、汽车、能源、电子、冶金、化工、轨道交通等行业原理与机理知识，机械、电子、液压、控制、热、流体、电磁、光学、材料等专业知识，车、铣、刨、磨、镗、热、表、铸、锻、焊等工艺制造领域的知识，人 - 机 - 料 - 法 - 环、配方、配料、工艺过程与工艺参数知识，以及故障、失效等模型，还可以是人对设备操作与运行的逻辑、经验与数据，企业经营管理基本原理、知识与经验等；

（5）数据建模模型，包括经过机器学习和验证的设备健康预测模型、大数据算法模型、人工智能算法模型、优化算法模型等；

（6）人机交互。

（三）工业 App 典型特征

工业 App 借鉴了消费 App 方便灵活的特性，又承载了工业技术软件化的理念，作为工业软件的新形态又具有软件的特性，同时依托平台具有生态化的特征。因此工业 App 具有六方面典型特征：特定工业技术知识载体；面向特定工业场景的特定适应性；小轻灵，易操作；可解耦 / 可重构；依托平台；集群化应用。

（四）工业 App 与平台

工业 App 需要依托平台所提供的技术引擎、计算资源、数据库等基础技术要素完成开发与应用。这种分工将技术引擎、计算资源等需要长时间高投入的部分下沉到平台，既有利于利用社会化人才资源快速实现工业 App 开发，避免重复开发和建设基础技术资源；同时，基于平台所提供的资源和统一标准，也有利于工业 App 的标准统一，实现广泛重用。此外，平台还提供工业 App 在权属、流通、重用、接口调用、资源管理、数据资产处理、存储与保护等方面的功能支撑。

工业互联网平台体系架构明确了工业 App 的关键定位：边缘层是基础，平台层是核心，工业 App 应用层是关键，形成工业互联网平台的最终价值。

二、工业 App 类型

工业 App 分类是工业 App 开发、共享、交易、质量评测和应用，以及构建工业 App 标识体系等各项活动的基础。主要从业务环节和适用范围两个维度构建工业 App 分类体系。

（一）按照业务环节分类

工业 App 分为研发设计工业 App、生产制造工业 App、运维服务工业 App、经营管理工业 App 四大类。

（1）研发设计工业 App。此类 App 包含 11 个子类：需求定义与管理子类、产品开发与设计子类、仿真分析与评估子类、工艺工装设计子类、试验验证子类、产线与工厂设计子类、设计优化子类、创新设计与技术研究子类、知识与工业机理子类、数字孪生子类、设计制造协同子类。

（2）生产制造工业 App。此类 App 包含 8 个子类：生产计划管理子类、生产作业管理子类、生产过程监控子类、设备设施管理子类、物资物料管理子类、生产质量监控子类、生产效能管理子类、数据采集子类。

（3）运维服务工业 App。此类 App 包含 5 个子类：预测性维护子类、健康管理子类、应急管理子类、备件备品管理子类、维修与服务子类。

（4）经营管理工业 App。此类 App 包含 13 个子类：采购管理子类、产业链协同子类、风险管控子类、销售管理子类、物流管理子类、安全管理子类、认证管理子类、项目管理子类、人才管理子类、组织管理子类、辅助决策子类、资产管理子类、财务管理子类。

（二）按照适用范围分类

按照适用范围，工业 App 主要分为基础共性工业 App、行业通用工业 App、企业专用工业 App 三类。

（1）基础共性工业 App。面向关键基础材料、核心基础零部件（元器件）、先进基础工艺、产业技术基础等“工业四基”领域的工业 App，以各种基础的自然科学知识形成的工业 App。该类工业 App 在工业应用领域发挥着基础作用，适用范围广。

（2）行业通用工业 App。面向具体行业及其细分子行业的工业 App，例如，面向汽车、航空航天、石油化工、机械制造、轻工家电、信息电子等行业，以行业通用知识形成的工业 App。该类工业 App 适用于特定行业，在行业相关的领域和活动中发挥作用。

（3）企业专用工业 App。基于企业专业技术、工程技术等形成的工业 App。该类工业 App 是企业核心竞争力，在企业内部发挥作用，适用范围有限。

第二节　设备管理类工业 App 应用

考核知识点及能力要求：

- 了解设备管理知识；
- 能够使用设备管理类工业 App，完成设备健康管理工作。

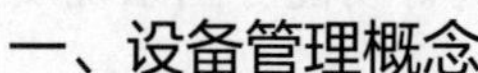

一、设备管理概念

设备是工业的重要生产工具，对于设备制造商和用户来说，设备的可靠性、利用率、能效是重点。现代工业生产向自动化、连续化、集成化方向发展，在提高生产效率、产品质量、能源效率的同时，也对生产系统和生产设备的可靠性提出了更高要求。一旦设备出现故障停机，将导致整个装置停产，造成巨大经济损失，因此对工业设备的管理尤为重要。

设备管理又称为设备工程，是指以企业生产经营目标为依据，以提高设备效能为目的，在调查研究的基础上，运用各种技术、经济和组织措施，对设备从规划、设计、选定、制造、购置、安装、调试、使用、运行、维护、修理、改造、更新直至报废的整个生命周期进行全过程的管理。

工业系统是一个强机理、强耦合、多环节动态交互的复杂系统，这为设备运维分析带来了很大的技术挑战。不同类型的设备在不同阶段发生的故障模式和故障源不同，目前设备的状态监控和健康管理已成为设备管理的重要组成部分。设备管理包括故障检测、健康管理和预测性维护等方面。

（一）故障检测

故障检测的前提是对业务进行梳理，包括以下几点。

（1）确定故障模式及基本信息。根据FMEA报告确定被分析对象的功能，对应的所有故障模式，故障模式的严重等级、发生概率等基本信息。

（2）确定故障演变特点。根据经验或相关数据确定故障演变特点。

（3）确定故障征兆。根据FEMA报告的三级影响，结合经验数据、原理或可用的仿真分析手段，确定故障征兆。

可以将故障检测方法归纳为基于解析模型的方法、基于数据驱动的方法和基于知识的方法。其中，基于解析模型的方法和基于数据驱动的方法是定量的方法，基于知识的方法是定性的方法。

（二）健康管理

健康管理主要包括健康特征参数超限的确定、健康状态等级划分、健康状态等级评定、当前健康状态管理、健康状态报警、历史健康状态查询等功能。当系统发生故障时，诊断记录产生故障的时间，并确定故障发生的原因，根据健康状态等级划分的准则评定健康状态等级，给出健康状态评估结果。健康状态信息存入历史数据库，方便用户随时查询设备的历史健康状态信息。一般设备健康级别分为健康、亚健康、故障三级。

（三）预测性维护

构建设备数字孪生体，数据孪生驱动下的预测性维护是利用设备的信息物理系统中具有的通信接口、通信网络及设备等，将设备上各类传感器实时采集的数据与历史数据传输到数据孪生库中，通过预处理、神经网络搭建、模型训练、适配与迁移，实现设备的实时监测、运行优化、预测性维护以及决策优化。

二、设备监控管理工业 App 应用

设备管理工业 App 属于运维服务类工业 App，以聚焦设备健康管理的设备管理工业 App 为例进行应用介绍。设备管理工业 App 在云端对工业设备状态进行监控管理，并基于数据分析，提高设备利用率，减少设备工作异常带来的损失，优化售后服务效率。

通过工业设备数据采集的实施，工业设备数据已经上传到工业互联网平台，工业互联网平台已经对设备管理 App 以容器形式对通用功能进行了封装。

设备管理工业 App 的应用主要涉及如下几个方面。

（一）设备状态监控

查看展示设备当前状态的采集点信息，通过趋势曲线查看采集点值历史变化过程。

（二）报警管理

查看当前设备报警信息与历史报警信息，包括报警时间、数据点名称、数据点数值偏离正常值情况等。此外，以图表形式查看某一时间段内报警统计情况。当报警发送到平台上时，及时对报警进行处理。

（三）设备维修保养信息查看

查看当前维修工单与历史维修工单，并查看设备历史故障信息及其处理情况。

（四）设备运行情况查看

查看设备运行统计，包括工作时长、总运行时长、运行比率。通过设备日志以图表等形式查看设备历史运行状态。

（五）设备利用率查看

以日或月为单位以图表形式统计，查看设备的利用率。

（六）设备定位

通过设备地图功能查看设备位置，对出现故障设备及时定位。

第三节 生产管理类工业 App 应用

考核知识点及能力要求：

- 了解生产管理知识；
- 能够使用生产管理类工业 App，完成生产监控分析、质量管理等工作。

一、生产管理概念

（一）生产管理概述

生产是指一家企业独立进行或多家企业合作进行的、用于为人们创造产品或提供服务的有组织的活动。在生产活动中投入的生产要素通常包括人力、设备、物料、能源、土地、信息及技术等。生产企业将投入、转换和产出三个环节集成一体，就形成了生产系统，生产管理就是企业对上述生产系统的运行进行的管理，其主要功能是对生产过程进行组织、计划和控制。

生产管理中的组织功能包括生产组织机构的设计、工作岗位的设置，以及管理责任和权力的划分，还包括生产过程的规划与设计。生产组织机构的设计和工作岗位的设置不属于日常性管理工作，一旦设计或设置完成，在一段时期内相对稳定。生产过程的规划与设计是企业开展生产活动的基础，是一个在生产活动中不断迭代更新的过程，包括软件和硬件两个部分，硬件部分就是看得见的环形产线，软件部分是MES，这样的软硬件组合设计为车间的生产过程提供了足够的灵活性。

生产管理的任务是：对客户产品交付异常情况进行及时有效的处理；通过生产组织工作，按照企业目标的要求，设置技术上可行、经济上合算、物质技术条件和环境条件允许的生产模式；通过生产计划工作，制定生产模式优化运行的方案；通过生产控制工作，及时有效地调节企业生产过程内外的各种关系，使生产模式符合既定生产计划的要求，实现预期生产的品种、质量、产量、出产期限和生产成本的目标。

生产管理的目的就在于，做到投入少、产出多，取得最佳经济效益。随着科技的进步、信息化产业的发展，大部分企业开始逐步采用信息化管理软件对企业生产进行管理，极大地提高企业生产管理的效率，有效管理生产过程的信息，从而提高企业的整体竞争力。

为了在生产过程中实时监控生产数据并快速发现问题，管理看板可作为有效管理作业现场而使用的工具。管理看板用于实现管理的可视化，方便人员把握数据以及情报信息，特别是透明化管理活动。管理看板通过现况板、图表以及电子屏等形式将不易直接发现的信息直观显示出来，所有人员均可及时了解管理信息，方便迅速制定应对措施。因此，管理看板是发现问题最直观的一种方式，是现场管理最重要的工具之一。

（二）质量管理

质量管理是生产过程的一个重要职能，MES质量管理聚焦于车间制造过程的质量管理，是对车间生产节点进行质量管控，目标是建立一个控制状态下的生产系统，力求把车间的制造水平保持在最佳状态，确保车间能稳定、持续地生产出符合质量要求的产品。MES通过采集车间信息，跟踪、分析和控制加工过程的质量，实现从原材料入库到成品出车间的全制造过程的质量管理。

制造车间的质量管理活动包括检验、分析和控制三个环节。参照ISA-SP95标准

对制造运行管理中质量管理活动的描述，质量管理由质检前（质检资源管理、质检定义管理）、质检中（质检调度、质检分派、质检执行）和质检后（质检数据收集、统计分析、质检跟踪追溯）三部分共八个活动组成。

按照质量检验的时机和提取样品的方式划分，质检主要分为首检、巡检、全检和抽检四种类型。按照质检作业环节划分，MES 质检作业管理分为来料检验、上料检验、成品入库检验和成品出库检验四种类型。

二、生产管理类工业 App 应用

（一）生产看板工业 App 应用

通过生产看板实现对生产的监控。工业生产数据采集的实施为工业互联网平台中生产看板工业 App 提供了数据。生产看板主要展示每一条生产线的实时动态、生产实绩、调度任务完成数、合格数、不良数、报废数、生产线产量等信息。

生产看板工业 App 应用主要包括如下几个方面。

（1）生产实绩查看。查看当前生产线的生产订单数量、调度任务数、待加工数等信息。

（2）调度任务完成情况查看。查看产线的调度任务完成的数量，便于掌握产线的生产进度情况。

（3）生产产品的总体质量情况查看。查看整个产线生产产品的合格数、不良数以及报废数。

（4）生产线产量。以图表形式查看产线的产量和生产效率。

（二）质量管理工业 App 应用

质量管理工业 App 包括质量缺陷管理、检验工具管理等各类质量管理信息维护功能，并支持产品首检、抽检、不良返修等工作。

质量管理工业 App 应用主要包括如下几个方面。

1. 质量缺陷管理

对产品的各类质量缺陷进行维护，对每一种类缺陷维护缺陷名称、缺陷等级（如一般缺陷、严重缺陷）、处置方式（如返工、报废）等信息，服务于产品质量检验。

2. 检验工具管理

对产品检验工具信息进行维护，包括对检验工具名称、检验工具规格、检验工具描述等信息进行维护。检验工具用于产品质量检验。

3. 质量检验项管理

对产品质量的检验项进行维护，包括对产品检验项名称（如焊点直径、活塞杆表面外观检查）、判定类型（定量检测、定性检测）、检验工具等信息进行维护。对于定量检测项，填写期望值。

4. 物料检验管理

物料在不同检验阶段采取不同的检验方式，并匹配不同的检验项。维护在不同生产工序下物料的检验类型（如首检）、检验项、检验工具、期望值等信息。

5. 首检管理

维护是否需要首检，以及首检的触发时机，包括首检生产线范围、是否日首检、是否换班首检、是否物料首检、是否破坏首检等信息。

6. 抽检管理

对抽检工序及检验方式进行管理，包括抽检生产线范围、物料、抽样方式、抽样频率、抽样数量等信息。

7. 遏制单管理

用于在生产过程中对产品进行遏制处理，在产品质量发生问题时需要启动遏制措施。输入物料、工序、加工时间等信息，查询出所有满足要求的生产订单，并将其设置为遏制单。

8. 遏制单检验

用于对遏制中的在制品进行检验，通过检验项检验，并判定是否合格。

9. 首样检验

根据检验项，对产品进行首样检验，给出检测结果，并将生产订单号、生产调度号、当前生产线等信息与产品质量检验信息关联。

10. 抽样检验

根据检验项，对抽检单号指定一定数量的样本进行检验，给出检测结果。

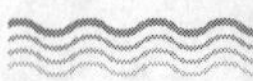

11. 不良评审

在不良产品产生后，对不良产品进行评审分析，确定不良的产生原因。填报信息包括产品编号、当前工序、不良缺陷、处置方式（如返工）、产生原因等。

12. 不良返修

当不良评审单处置类型为返修时，生成不良返修单。在返修过程中，执行对问题部件追溯和替换等操作，完成返修，并填写返修过程说明。返修后，启动检验程序，根据检验项对产品进行重新检验。

第四节　运营管理类工业 App 应用

考核知识点及能力要求：

- 了解运营管理知识；
- 能够使用运营管理类工业 App，完成订单管理、供应链管理等工作。

一、运营管理概念

运营管理（Operations Management）原本是指企业内部的生产和服务过程管理，通过科学、合理地选择厂房位置、设施和设备，制订生产作业计划，选择工艺流程，确定生产和服务技术，实行有效流程和质量控制，组织生产和技术人员等达到及时生产产品（或提供服务）、降低成本的目的。最初的企业运营管理也称为企业生产管理。随着社会供应链系统的逐步形成，企业运营管理的概念已被扩展。现在一般将制造和服务等各类企业相应方面的管理合称为生产运营管理，也称为生产运作管理。

运营管理主要就是对运营过程的计划、组织和控制机制，同时与产品生产及服务有着密切的联系。为了全面提高管理的效果，应该对企业各项工作的开展有着一定的掌握。为了实现控制企业决策，应该对企业管理的主要目标有着一定的掌握，尤其是时间、成本、质量及柔性等，作为企业竞争的核心，在企业经营与管理中有着较为重要的作用。所以，企业运营管理的研究内容不局限于生产过程计划与组织，而是需要扩大到包括运营战略的制定，并对运营系统设计及运营系统运行等多层次内容有着更为全面的掌握，从而实现对各项工作的优化创新。

通过平台运营管理优化，实现工序生产一体化，以及从分厂“分散管控”到公司“集中管控”的转变。同时采用供产销协同一级计划管制模式，推行质量一贯制，生产集中管控管理，从而实现精细化生产管理，业务财务一体化的成本核算。通过平台运营管理优化可以降低生产成本，提高生产效率；更好地实现产品交货、生产效能、库存能力的综合管理，实现生产效益的最大化。

基于工业互联网平台，可实现供应链协同，支持企业运营管理。供应链协同可分为企业内供应链协同与企业间供应链协同，具体如下。

（1）企业内供应链协同。基于工业互联网平台，实时收集企业内设备、工具、物料和人员等数据，实时跟踪生产现场物料消耗情况，并结合库存情况安排供应商进行精准配货，实现对生产和库存的动态调整优化，从而有效降低库存成本。

（2）企业间供应链协同。以工业互联网平台为枢纽，采集供应链上下游企业的生产、库存、物流等方面的实时运营数据，并将其与供应链协同模型相结合，优化整个供应链的资源配置，实现供应链的动态和精准协同。

二、供应链管理工业 App 应用

供应链管理是企业运营管理的重要组成部分。应用工业互联网平台上的供应链管理工业 App，能够完成企业内与企业间的资源协同。以供应链管理工业 App 应用为例展示运营管理类工业 App 的应用。

供应链管理工业 App 支持跨组织供应链业务应用。供应链管理工业 App 的应用主要包括如下两个层面。

（一）计划层应用

1. 采购计划

采购计划是指企业管理人员在了解市场供求情况，认识企业生产经营活动和掌握物料消耗规律的基础上，对计划期内物料采购管理活动所做的预见性的安排和部署。采购计划是根据生产部门或其他使用部门的计划制定的包括采购物料种类、采购数量、需求日期等内容的计划表格。

对采购计划功能的应用主要包括如下几个方面。

（1）指标管理。采购计划中只有数量、金额两个指标。数量是指控制单据、执行单据的主数量，金额是指价税合计。

（2）计划制订。以年度、月度或季度等时间单位制订采购计划。

（3）对采购计划的动态调整。

2. 库存计划

对库存计划功能的应用主要为进行库存计划计算，确定建议补货量，生成补货单据。可对库存计划结果、需求供给明细匹配、实际消耗差异等进行查询。

（二）业务层应用

下面以采购管理、库存管理、委外加工和运输管理为例介绍供应链管理工业 App 业务层应用。

1. 采购管理

采购管理功能支持企业常用的多种采购策略，包括大宗原辅材料采购、备品备件类物料的采购、供应商寄存方式的采购、资产设备类物资采购、依据生产计划的采购等。

对采购管理功能的应用主要包括如下几个方面。

（1）采购基础设置。采购基础设置包括内部货源定义、物料订单类型等设置。其中，内部货源定义是指定义需求库存组织和供货库存组织的关系。生成订单时，不同的物料走不同的订单类型，订单类型决定了此物料的采购流程。如对于原材料采购，可定义订单类型为原材料采购，走原材料采购的采购流程。

（2）采购订单下达。采购订单是下达采购指令的单据，供采购员使用。

（3）到货单接收。到货单是收货单据，一般是采购员使用。到货单的来源单据包括采购订单、委外订单。

（4）采购结算。收到采购发票后，对货物和发票进行核对，以作为确认应付的依据。采购结算的使用人员是财务人员。

2. 库存管理

库存管理是企业采购、生产、设备运维等日常计划和控制的基础。库存管理主要专注于通过对仓库、货位及出入库业务等的管理来及时反映各种物料的仓储和流向情况，为企业其他日常业务活动和财务核算提供依据。

库存管理支持企业的各类出入库业务，包括采购入库、产成品入库、委外加工入库、生产报废入库、调拨入库、销售出库、材料出库、调拨出库、自动拣货、装箱等。

对库存管理功能的应用主要包括如下几个方面。

（1）物料的序列号管理。定义物料序列号的编码规则。序列号用于企业对单品的全生命周期管理，包括单品库存以及质量追溯等。

（2）物料的条码管理。条码用于企业快速解析业务处理所需要的信息。

（3）物料的批次管理。物料的批次管理是指对每一批次货物的入库信息进行管理。

（4）库存状态管理。库存状态是物料在库存存储的类型标识，表明一定数量物料在生产经营活动过程中所处的环节和可用性。在进行库存管理时，除需要知道物料的数量外，还需要知道处于不同状态的物料的数量，例如，处于待检、合格、不合格、报废、冻结、退回等状态的物料的数量。

3. 委外加工

委外加工用来处理企业将原材料发往加工商进行加工并收回加工品的业务。委外业务包括委外原料采购直运和连续委外业务。

（1）委外原料采购直运。①业务员与加工商签订委外订单；②业务员与原料供应商签订采购订单，采购委外所需原料；③委外原料采购直接发运到加工商处，选择委外仓生成采购入库单；④委外加工完成后，业务员进行到货处理；⑤成品库库管员对加工品做委外入库处理；⑥业务员对已入库的加工品做材料核销；⑦收到加工费发票后，进行委外结算，核算加工品成本。

（2）连续委外业务。企业的产成品需要委托一个以上的加工商进行加工，即其中一个加工商加工出的加工品作为另一个加工品的材料。委外仓可以方便地支持连续委外。对连续委外业务的管理就是对产品前后多个加工商加工生产的管理。

4. 运输管理

运输管理是物流供应链运作过程中的一个不可或缺环节，面向企业的储运部门应用，管理采购自提货，销售和内部交易的发货、出库以及接受社会委托的运输业务。

对运输管理功能的应用包括运输单管理、运输统计、运费结算，以及日常查询未处理完的需要安排运输的请求等。

第五节 工业 SaaS 服务推广

考核知识点及能力要求：

- 了解信息化、数字化概念；
- 能够完成用户企业工业 SaaS 服务需求调研；
- 能够编写满足用户企业需求的工业 SaaS 服务解决方案。

一、信息化与数字化概念

（一）信息化基本概念

根据《2006—2020 年国家信息化发展战略》给出的定义，信息化是充分利用信息技术，开发利用信息资源，促进信息交流和知识共享，提高经济增长质量，推动经济社会发展转型的历史进程。信息化是当今世界发展的大趋势，是推动经济社会变革的重要力量。工业化通常被定义为工业（特别是其中的制造业）或第二产业产值（或收入）在国民生产总值（或国民收入）中比重不断上升的过程，以及工业就业人数在总就业人数中比重不断上升的过程。工业化是传统农业社会向现代工业社会转变的过程。在工业化进程中，主要表现为工业生产量快速增长，新兴部门大量出现，高新技术广泛应用，劳动生产率大幅提高，城镇化水平和国民消费层次全面提升。衡量工业化水平的四个重要指标是人均生产总值、工业化率、三次产业结构和就业结构、城镇化率。

工业信息化的内涵是极其丰富的，主要表现为在以信息资源和信息化环境建设为基础，法规、政策、安全、标准为保障的条件下，以信息技术为代表的高新技术在工业基础设施、工业技术、工业产品、工业装备、工业管理、工业市场环境等全生命周期的各个层面渗透与融合，形成综合、集成和创新的现代工业技术、新型生产经营模式、可持续发展模式和新兴产业，从而全面提升工业竞争力、创新能力和工业素质的过程，并最终走向信息化战略与工业化战略的融合，相互协调一致，形成完整统一的新型工业化战略。

（二）数字化基本概念

数字化是利用云计算、大数据、物联网、人工智能等新一代数字技术，构建一个全感知、全连接、全场景、全智能的数字世界，在实现数字世界对物理世界精准映射的基础上，优化再造物理世界的业务，对传统管理模式、业务模式、商业模式进行创新和重塑，实现业务成功。

数字化的本质是在信息技术驱动下的业务转型，根本目的在于提升企业竞争力。一方面经济新常态和竞争的加剧，要求企业优化或转变现有管理、业务或商业模式；另一方面移动终端和网络的普及令企业能够直接接触最终消费者，更加便捷、准确地了解消费者的需求，加上新一代信息技术的成熟和实用化，让基于数据的，以较低的成本快速满足客户个性需求，并改善用户体验的新的管理、业务或商业模式成为可能。

通常把数字经济分为数字产业化和产业数字化两方面。数字产业化指信息技术产业的发展，包括电子信息制造业、软件和信息服务业、信息通信业等数字相关产业；产业数字化指以新一代信息技术为支撑，传统产业及其产业链上下游全要素的数字化

改造，通过与信息技术的深度融合，实现赋值、赋能。从外延看，经济发展离不开社会发展，社会的数字化无疑是数字经济发展的土壤，数字政府、数字社会、数字治理体系建设等构成了数字经济发展的环境，同时，数字基础设施建设以及传统物理基础设施的数字化奠定数字经济发展的基础。

在行业产业方面，数字化转型成为必然选择，将从消费和服务领域向制造业领域推进，各业态围绕信息化主线深度协作、融合，完成自身转型、提升变革，并不断催生新业态，同时也使一些传统业态走向消亡。在此过程中，将劳动、土地、资本、技术、管理、知识等各类要素数字化并数据化，可对提高生产效率发挥乘数倍增作用，形成新型数据生产力。

（三）信息化与数字化关系

信息化与数字化之间并不是完全割裂的，而是存在一定的重叠，并且随着技术的持续进步、管理理念的创新、竞争的加剧，由信息化到数字化是企业发展的必然要求。

信息化是数字化的基础，由信息化到数字化是一个由量变到质变的过程。数字化是信息化的高阶阶段，是信息化的广泛深入运用，是从收集、分析数据到预测数据、经营数据的延伸。以数据分析为切入点，通过数据发现问题、分析问题、解决问题，打破传统的经验驱动决策的方式，实现科学决策。

二、企业工业 SaaS 服务需求调研方法

下面以云化 MES 系统为例，讲解工业 SaaS 服务需求调研方法。针对云化 MES 系统的需求调研主要包括如下几个方面。

（1）调研企业基本信息，包括企业名称、企业概况、项目负责部门等。

（2）调研生产管理相关的组织架构及部门的职能，例如：

生产车间——保质保量完成公司生产任务；

工艺技术质量部——生产技术工艺优化改进及工艺监督工作；

生产调度部——生产计划的编制、生产调度、生产日报及与销售协调工作；

信息中心——信息系统的建设与维护工作；

设备部——设备设施的维护维修保养等设备管理工作。

（3）调研生产产品的种类、生产自动化现状、信息系统现状。

（4）针对云化 MES 系统的实施，对相关具体需求进行调研。调研内容示例见表 10–1。

表 10–1　云化 MES 系统实施相关需求调研内容示例

生产	生产模式是怎样的？按销售订单生产还是按库存生产，还是其他
	订单是怎么生成的，是否有 ERP 系统生成订单
	ERP 系统中是否有完整的 BOM、工艺路线、供应商、生产订单数据
	生产计划是细化到车间还是每个机台
	生产数据是如何采集的？条码、RFID 是否自动采集数据
	各工序之间的衔接是怎样的？是否必须上一道工序完成且检验合格后，才能进入下一道工序，还是过程不做检验，只是终检
	工序报工是如何进行的？是每一道工序报工还是关键工序报工
	生产过程是否有工序外协？若有工序外协，工序外协流程是怎样的
	与 ERP 系统对接接口是否开放
质量	哪些环节需要做质检？如采购入库检验、生产发料检验、过程检验、入库检验、发货检验等环节
	检验流程是什么
	检验标准数据是否已制定？检验标准数据覆盖范围是怎样的
	目前检测的方式是什么？是设备检测还是人工检测？有哪些检测设备？检测设备是否有自动数据采集接口
	发现质量问题的处理流程是怎样的
现场无纸化	现场操作工在生产过程中需要查看哪些文件？如图纸、文档等文件
	现场文件有无电子文件？如果有，是通过什么系统进行管理？文件的格式有哪些？电子文件的下发流程是怎样的
仓库管理	目前仓库是怎么设置的？有多少个仓库？如原材料库、成品库、辅料库等
	物料管理的方式是怎样的？是单件还是批次管理
	仓库给车间发料流程是怎样的
	仓库管理是否实现了条码管控？是否实现了物料的定置定位、先进先出
	原材料是否采用条码跟踪？是件次跟踪还是批次跟踪
	仓库盘点是如何进行的？盘点周期多长
	原料仓库的采购收货作业流程是怎样的？是否有收货检验？退货的流程是怎样的

续表

设备管理	设备目前是如何管理的？如设备档案、设备生命周期管理
	设备点检、保养如何进行
	设备维修流程是怎样的
物流配送	有无系统对供应商外部配送进行管控
	外部配送流程是怎样的
	目前如何指导供应商配送？如何接收货物？是否有指定的配送地点
	车间要料内部配送流程是怎样的
报表	各级部门需要关注哪些生产相关的报表？关注哪些指标
	质量、物流、设备相关报表有哪些

（5）根据需求调研结果，对工业企业对云化MES系统的功能需求进行分析与整理，形成完整的需求分析报告。需求分析报告中需要梳理清楚工业企业用户需要哪些MES功能模块及其相互之间的关系，示例如图10-1所示。需求分析报告为后续云化MES系统解决方案的编写及功能开发打好基础。

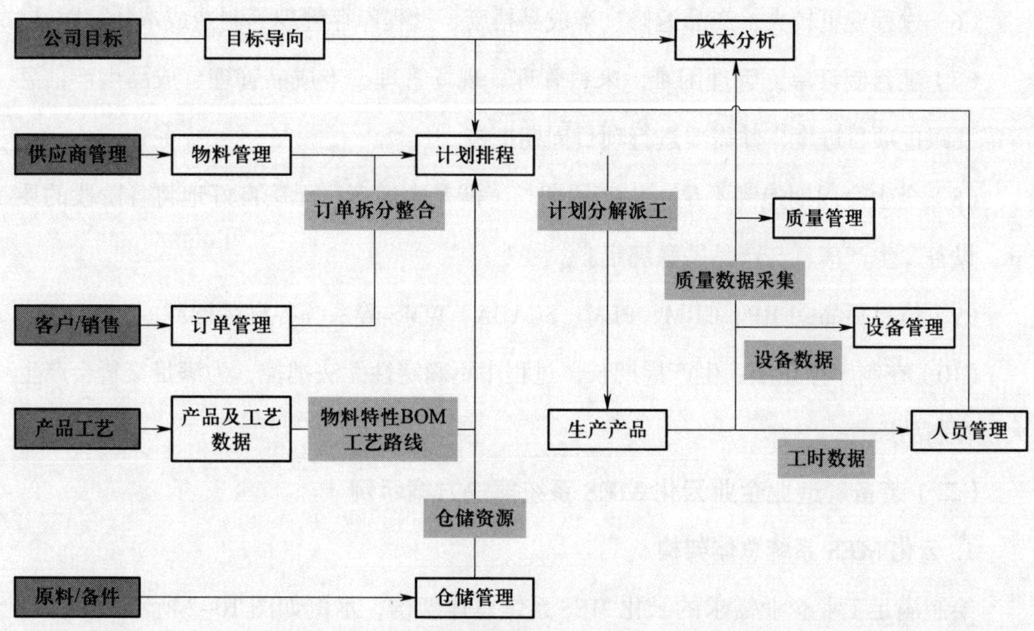

图10-1 MES功能模块及其相互之间的关系示例

三、工业 SaaS 服务解决方案编写方法

下面以装备制造业企业云化 MES 系统为例，讲解工业 SaaS 服务解决方案编写方法。云化 MES 系统服务解决方案主要包括但不限于如下几个方面。

（一）装备制造业企业生产管控面临问题分析示例

（1）工艺长且复杂：一般在制品的工艺流程较长，工序内容较多，且同一产品存在多套工艺路线，整体工艺复杂度高。

（2）改制较多：装备制造企业一般产品的生产周期较长，生产过程中技术改制、工程改制较多，对现场执行影响较大。

（3）计划协同较弱：工艺 BOM 等整体基础数据复杂，且管理复杂，顶层计划与现场执行的变化无法良好传递。

（4）纸质文件多：现场单据较多，包括工艺文件、质量文件、控制文件、器具使用规范、派工单、工序卡等。

（5）生产模式多样：一般同时存在批量、流程、离散等不同的生产模式，现场管理复杂，执行方案多变。

（6）过程变更较大：产品返修、半成品报废、过程库存管理等制造成本计算困难。

（7）项目制订单：管理困难，来料管理、现场管理、半成品管理、成品生产信息等需要跟进项目进度，并需要进行项目周期把控。

（8）全生命周期追溯不足：生产周期长，涉及内容多，无法良好地将各阶段的质量、设备、生产信息与产品关联绑定。

（9）信息孤岛：ERP、CRM、PLM、SCADA、WMS 等系统各自运行。

（10）在制库存积压：生产周期长，过程中不确定性无法把控，为满足交货会产生大量在制品库存。

（二）装备制造业企业云化 MES 系统解决方案示例

1. 云化 MES 系统总体架构

绘制满足工业企业需求的云化 MES 系统总体架构，示例如图 10-2 所示，主要包括前端、业务微服务、基础服务和存储服务四个部分。

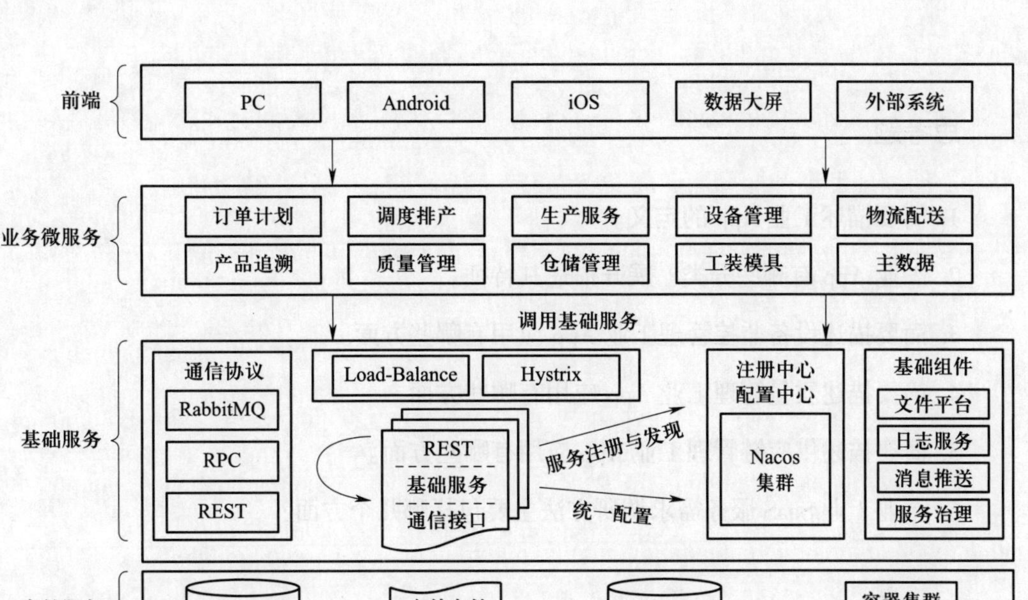

图 10–2　云化 MES 系统总体架构

2. 云化 MES 系统解决企业生产管控面临问题的方案

（1）协同计划联动。①订单级联：结合工艺 BOM 与制造 BOM 搭建完整的结构树，实现订单之间的关联。②项目制管理：建立项目管理体系，强调项目的闭环管理，解决项目管理缺乏系统性的问题。③高效计划体系："顶层计划 – 装配计划 – 工单 – 在制品 / 工序"层级计划体系，科学有序排程、按需排产。

（2）生产实时信息交互。①通过在制品管理模块的应用，完成对线上在制品的生产信息进行实时监控。②生产指令、技术文件等直接电子化下达至工段及人员，保证信息准确性，减少生产环节错误率。③系统获取资源配置情况，完成计划和资源的良好匹配，提升资源利用率。

（3）信息流打通。①打通 ERP、CRM、PLM、SCADA、WMS 等系统，连通计划层、执行层、控制层。②贯通产销存，打造从客户端、制造端到供应端的整体价值链路。③通过多系统集成，完成产品制造、转运、研发等全生命周期的信息追溯。

（4）工艺体系化管理。①进行体系化的制造工艺等基础数据管理，优化基础管理，高效严谨管理制程工艺等内容。②采集车间的生产数据、设备信息、人员信息、关键件追溯信息、质量信息等，并汇总至系统，进行结构化产品制造信息管理，优化制造工艺体系。

思考题

1. 简要描述工业 App 的定义。
2. 工业 App 有哪些分类？展开描述其特征。
3. 简要描述设备监控管理工业 App 应用有哪些方面。
4. 简要描述质量管理工业 App 应用有哪些方面。
5. 简要描述供应链管理工业 App 应用有哪些方面。
6. 企业工业 SaaS 服务需求调研方法主要包括哪几个方面？

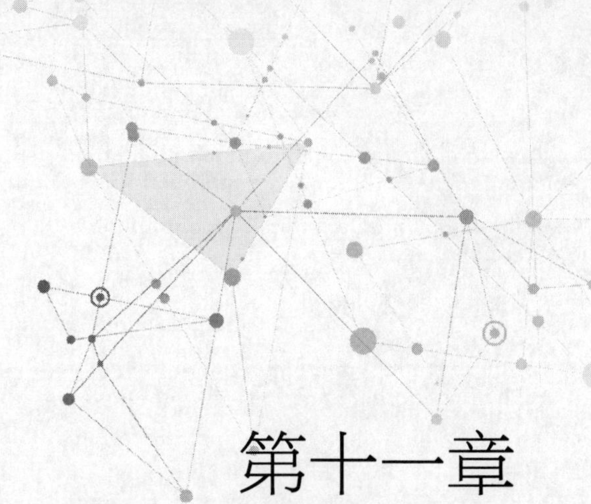

第十一章 工业互联网标识解析服务应用

工业互联网标识解析体系是工业互联网网络体系的重要组成部分，是支撑工业互联网互联互通的神经中枢。通过为物料、机器、产品等物理资源和工序、软件、模型、数据等虚拟资源赋予唯一“身份证”并进行快速定位和信息查询，支撑跨企业、跨地区、跨行业的数据共享共用是全球供应链系统和企业生产系统实现精准对接、产品全生命周期管理和智能化服务的前提基础。通过了解标识编码、标识注册、标识解析等知识，能够根据标识编码，通过标识解析系统获取解析信息，能够使用与标识解析系统对接的标识终端设备对标识进行解析查询。

- **职业功能：**工业互联网标识解析服务应用。
- **工作内容：**对工业互联网标识进行解析，根据解析信息提供应用服务。
- **专业能力要求：**能根据标识编码，通过标识解析系统获取解析信息；能使用与标识解析系统对接的标识终端设备对标识进行解析查询。
- **相关知识要求：**标识解析的基础知识，包括标识编码、标识注册、标识解析以及标识解析公共服务平台知识。

第一节　工业互联网标识解析体系基础

考核知识点及能力要求：

- 了解标识编码、标识注册、标识解析知识；
- 了解标识解析公共服务平台知识。

一、工业互联网标识解析体系概述

工业互联网标识解析体系是工业互联网网络体系的重要组成部分，也是构建人、机、物全面互联的基础设施。其作用与互联网的域名解析系统（DNS）类似，在公共互联网上，用户借助 DNS 域名解析系统通过输入网址来访问网站。全球存在多种标识解析体系，如 GS1、OID、Handle 和 Ecode 等。工业互联网解析体系由标识编码、标识载体、标识解析系统、标识数据服务等部分组成。

（一）标识编码

标识编码是能够唯一识别物料、机器、产品等物理资源和工序、软件、模型、数据等虚拟资源的身份符号，类似于"身份证"。标识编码通常存储在标识载体中，包括主动标识载体和被动标识载体。

1. 标识编码基本原则

为支撑工业互联网战略实施，有必要从国家层面构建统一、兼容的工业互联网标识编码体系。统一标识编码应遵从以下五大原则。

（1）兼容性原则。一是既要兼容 Handle、OID、Ecode 等现有标识系统，也要支持未来可能出现的各类标识系统；二是既要兼容已经分配的标识，也要兼容统一规则后分配的标识。

（2）语义原则。编码总体体现一定的语义特征，如国家、地区、行业等含义表征。在行业企业的内部编码中，不明确规定是否包含语义体征，如若待标识对象达到海量级别，则最好采用连续标识，反之则可以使用带有语义的标识。

（3）匹配性原则。通过分层分段设计，实现标识编码与国内工业互联网标识解析体系匹配：由根管理机构负责分配和解析顶级标识，注册管理机构负责分配二级标识。

（4）扩展性原则。标识编码体系需具备可扩展性，以满足标识量快速增长、标识体系不断扩展和字段增加等要求。

（5）安全性原则。标识编码常采用循环冗余校验（CRC），引入签名和证书等安全机制，以保证标识的完整和真实性。

通过遵循上述统一、完备的工业互联网标识编码体系，在我国境内的国家顶级节点、二级节点部署相应的解析系统来完成符合我国编码规范的标识解析能力；同时，通过在国家顶级节点与 Handle、Ecode、OID 等异构的标识解析体系进行对接，达到全球化的带有不同标识编码万物互联效果。

2. 标识编码种类

目前，工业应用场景复杂多样，产品形态众多，给标识编码工作带来严峻挑战，导致标识编码难以建立标准规则。全球存在多种标识体系，标识体系总体上可分为两类：一是可跨行业广泛应用的 EPC、Handle、OID、Ecode 等公有标识，目前多用于流通环节的供应链管理、产品溯源等场景中；二是行业内部或中小型企业内部广泛使用的自定义私有标识，如电厂标识、汽车零部件标识等。

现有标识编码的标准种类繁多，应用的领域、行业各有侧重。例如，EPC 编码主要以透明供应链、提高物流效率为主要目标，主要用于商贸物流等开放流通领域；Handle 主要应用于数字图书馆资料检索等，近年来开始在产品追溯体系中发挥重要作用；OID 标识已经成功应用在许多物联网应用领域，如信息安全、医疗卫生等领域；Ecode 为我国自主研制，可以为产品提供产品追溯、防伪验证、精准营销等应用服务，也可以为不同领域平台之间跨平台数据共享提供技术保障。

3. 标识编码规则

当前，处于多标识体系并存的发展阶段，主流的公有标识编码方案可归纳为统一的逻辑结构，即最多包括前缀字段、后缀字段以及可选的安全字段三个部分。将各类编码纳入到工业互联网标识解析体系中，建立兼容并存的标识编码规范，可基于标识解析各级节点提供各类标识的解析寻址服务。工业互联网标识编码规则一般为两部分，标识前缀用于唯一标识企业主体，标识后缀用于唯一识别标识对象，如图 11–1 所示。

图 11–1　工业互联网标识编码结构

工业互联网标识编码规则用于规范不同行业对象的标识分类、编码规则、编码结构，指导二级节点、企业节点建立自身的对象标识编码体系。当前，根据“急用先行”原则，已面向能源、航空、船舶、药品等十几个领域研制行业编码标准；后续，将统筹考虑国民经济分类，建立全面覆盖制造业门类的编码体系。

（二）标识解析系统

标识解析系统是能够根据标识编码查询目标对象网络位置或相关信息的系统，能够对物理对象和虚拟对象进行唯一性的逻辑定位和信息查询，是实现全球供应链系统和企业生产系统精准对接、产品全生命周期管理和智能化服务的前提和基础。

标识解析系统根据标识编码查询对象网络位置或者相关信息的服务，精准安全地实现标识对象的寻址、定位以及查询，包括标识注册、标识解析、标识查询、标识搜索和标识认证。

（1）标识注册。标识注册是指申请标识编码，并将标识与产品信息（或存储产品信息的位置）这一关联记录存储在特定地点的服务。

（2）标识解析。标识解析是指通过产品标识查询存储产品信息的服务器地址，或者直接查询产品信息以及相关服务。

（3）标识查询。标识查询是指通过标识检索产品的各种信息及相关服务的过程。

（4）标识搜索。标识搜索是指通过产品的标识搜索不同产品的信息。

（5）标识认证。标识认证是指通过安装条码、二维码、RFID 电子标签等外部身份标识，或在其芯片、操作系统内嵌入 SIM 卡等内部身份标识，完成产品制造商、产品拥有者、产品本身的身份标识关联，实现对智能产品的有效防伪认证。

（三）标识数据服务

标识数据定义了标识数据的识读、处理以及和单元内部与单元之间的信息传递及交互机制，包括标识数据的交换、建模、存储、处理、异构互操作和标识数据应用。标识数据服务能够借助标识编码资源和标识解析系统开展工业标识数据管理和跨企业、跨行业、跨地区、跨国家的数据共享共用。

（1）标识数据处理。标识数据处理指基于多种标识识读的方式，对获取的标识数据进行组织和加工，进而实现标识建模、交换以及应用的目标。

（2）标识数据建模。标识数据建模指对标识数据的存储方式、表现方式、传输手段以及转换手段分析抽象出概念模型，再将其转换为物理模型。

（3）标识数据存储。标识数据存储指在存储介质中记录标识信息。

（4）标识数据交换。标识数据交换指将在源模式下构建的标识数据转换为在目标模式下可应用的标识数据的过程，以便源标识数据能够在目标模式下准确地表示和应用。

（5）异构互操作。异构互操作指在工业互联网中对具有不同数据定义、数据结构、交互协议的标识体系（如 GS1、Handle、OID、Ecode 等）进行跨系统互操作，如交互协议、数据互认等。

（6）标识数据应用。标识数据应用指使用标识的具体场景。

标识载体已在第三章详细介绍，此外不再赘述。

二、标识注册

标识注册包括工业互联网标识编码申请与分配、使用情况反馈、生命周期管理、标识有效性管理、标识分配使用情况信息收集以及标识关联信息采集等功能。此外，标识注册还提供标识注册变更、删除、实名审核、数据查询、运营统计等服务功能。

二级节点应向标识注册管理机构提交注册，申请获取二级节点标识前缀，同时应

与国家顶级节点运行机构同步标识注册数据。企业节点应向二级节点提交注册，获取企业节点标识前缀，二级节点应将企业节点注册信息按要求同步至国家顶级节点。

二级节点、企业节点应支持 GS1、OID、Handle 和 Ecode 等标识体系中的至少一种。针对采用私有标识的企业，企业节点应支持私有标识和公共标识间的翻译和映射。

三、标识解析公共服务平台

标识解析公共服务平台定位为“打造成行业级标识解析双跨资源协作平台、区域级标识解析管理服务平台”，将覆盖全行业的公共标识资源聚集区、特定区域多行业的标识管理服务中心、特定区域的标识运营监测中心和区域物流网络信息枢纽。平台整体架构示例如图 11-2 所示。

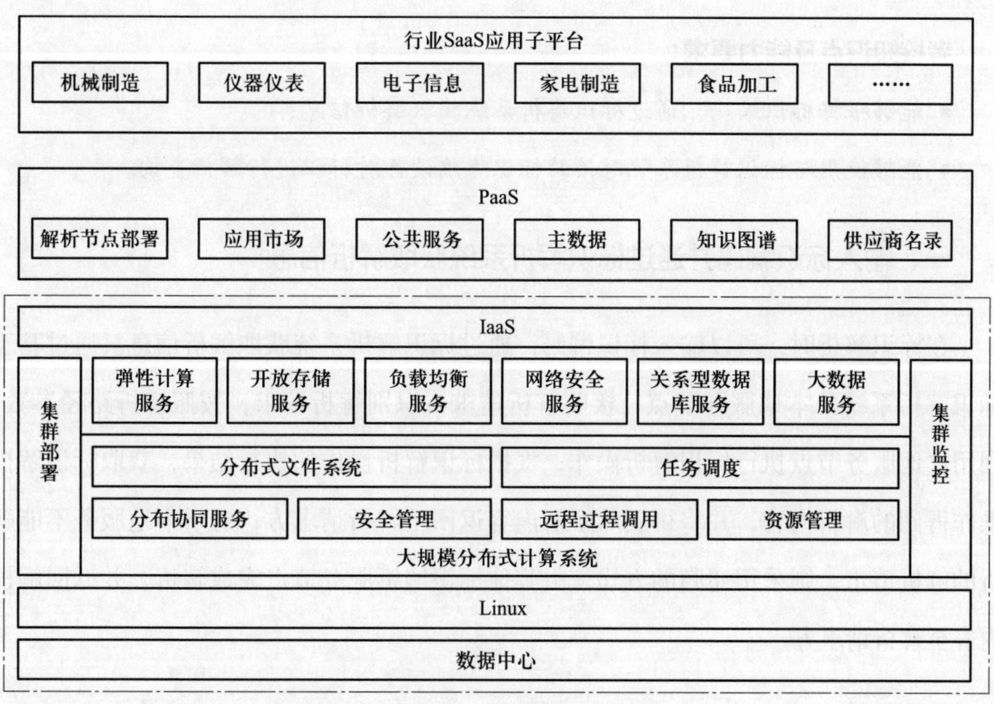

图 11-2 标识解析公共服务平台架构示例

标识解析公共服务平台主要提供如下服务。

（1）为行业二级节点及企业节点提供资源类服务；

（2）为行业二级节点及企业节点提供数据类服务；

（3）为行业二级节点及企业节点提供应用支撑类服务；

（4）为行业二级节点及企业节点提供标识应用资源池服务。

第二节　工业互联网标识解析服务应用

考核知识点及能力要求：

- 能够根据标识编码，通过标识解析系统获取解析信息；
- 能够使用与标识解析系统对接的标识终端设备对标识进行解析查询。

一、输入标识编码并通过标识解析系统获取解析信息

在标识解析时，可以输入标识编码，通过标识解析系统获取解析信息。通过基于标识解析系统的本地服务节点，接收解析请求，识别解析请求，按照解析路径参数，利用本地服务节点执行标识解析操作；根据标识解析操作的执行结果，获取标识解析操作得到的解析内容，并将得到的解析内容返回至解析请求方；对于本地服务不能解析的解析请求，则采用递归的方式，由其他标识解析服务节点完成解析，并返回解析内容至解析请求方。

二、使用与标识解析系统对接的标识终端设备对标识进行解析查询

标识解析过程应能使用与标识解析系统对接的标识终端设备对标识进行解析查询。用户使用标识终端设备对产品标识载体扫描，该产品上印有上述标识编码对应的标识载体；用户利用终端设备上的“扫描”功能，扫描该标识编码对应的标识载体，触发

标识解析系统的解析操作。标识终端设备扫描完标识编码所对应的标识载体后，发送该标识载体对应的标识解析请求至标识解析系统。标识解析系统接收到上述解析请求后，识别出该解析请求，则直接利用本地服务节点，通过解析专用入口，按照标识解析路径参数解析，得到该标识所对应的解析内容，并将该解析内容返回至用户标识终端设备，用户终端设备直接在对应的用户操作界面将上述解析内容显示出来，供用户查看。

三、标识解析应用案例——标识解析实现智能化协同生产制造

随着5G网络进入实质性建设阶段，以及我国数字技术发展的需要，传统光纤光缆技术需要加快步伐、不断创新。光缆产业链上下游的协同制造迫在眉睫，但由于产业链中“棒”“纤”“缆”的生产企业“看不懂”对方编码信息，导致“用不了”对方的产品条码，“提不了”产品的流转速度；同时，因为“连不上”对方信息系统，导致“查不到”对方生产等相关数据，“管不了”产品的全生命周期。

通过标识解析，从销售、采购、生产、仓储、运输和服务等环节进行全面协同管控，不仅可以实现企业内数据打通，而且可以实现跨企业间的数据共享。同时，实现产品在企业间的材料、工业设备、人员、环境、物流、售后等环节全流程追溯。

例如，某企业在光缆生产流程中，首先进行标识载体的标准化设置，对其大小、位置、排版等进行制定，方便产品的上下游流通。其次对企业的信息化系统MES、WMS、ERP及设备管理系统进行改造，在原料、半成品、成品生产和出入库的各个环节将相关产品信息生成工业互联网标识，并利用标识解析数据加快整体环节的流通进度。

原材料入库时，仓库管理员通过扫描原料中的工业互联网标识码，实现一键扫码填入WMS入库单；在投料环节，直接扫描原料的标识码，通过标识解析获取原料信息，并自动填充到WMS领料单；在半成品及产品入库时，将该半成品或产品在MES系统中的原料信息及工艺流程中涉及的设备，人员，检验数据，ERP中的产品说明书、合格证书及设备云平台的环境数据，自动生成一物一码的工业互联网标识，并传输到打码设备；完成贴码后，再由仓库管理员扫码后填入WMS产品入库单中；半成品及产品出库时，自动更新标识信息，填入物流单号标识；在进入物流环节后，物流

公司根据物流单号生成标识，并根据物流环节不断更新标识，从而使整个流通环节有迹可循。

使用标识解析前，如图 11–3 所示。

使用标识解析后，如图 11–4 所示。

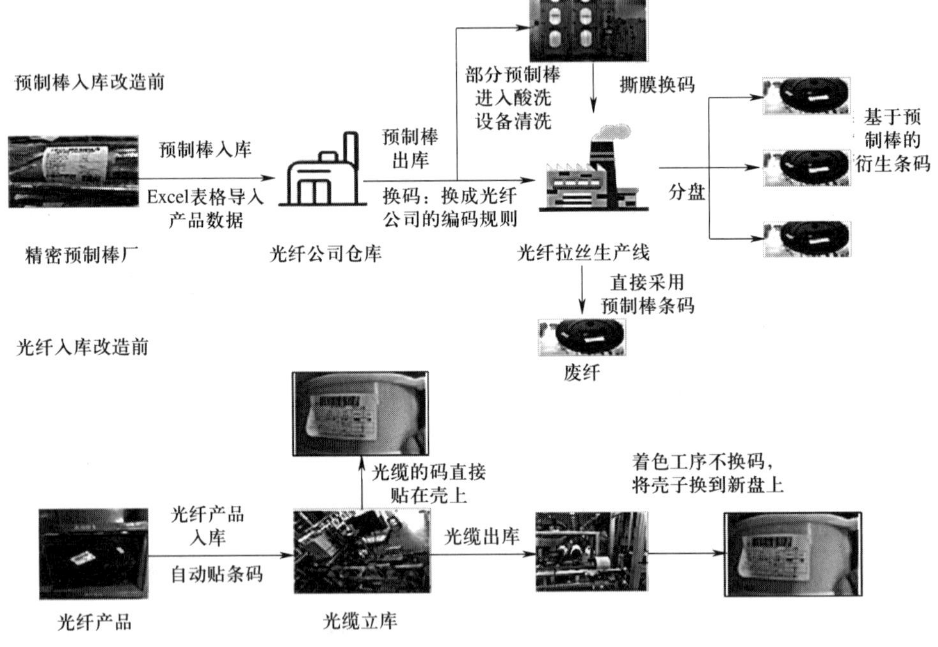

图 11–3　使用标识解析前

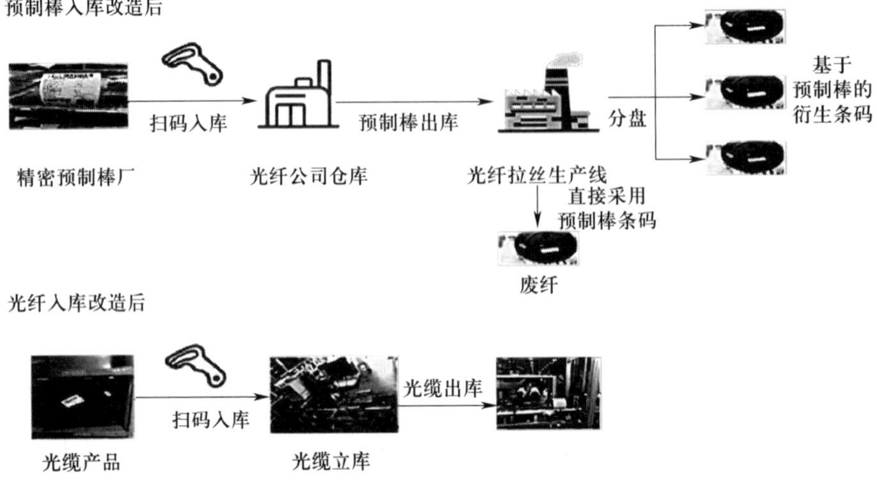

图 11–4　使用标识解析后

使用标识解析后的应用成效如下。

（1）在整个流转过程中，一码到底，减少了原先频繁的重新打码和换码操作，同时集成了电子说明书、电子合格证等功能，使得印刷成本降低 40% 以上，运营成本降低 15% 以上。

（2）全面应用“棒–纤–缆”协同以来，光缆产业链的产品应答能力提升了 15%，生产效率提升了 10% 以上，交付周期缩短了 15% 以上。

（3）摒弃传统 Excel 表格的数据导入导出方式，依靠标识码完成上下游产品数据流动，保障了数据的一致性，使得产品数据的错误率降至 0。

思考题

1. 简要描述标识解析公共服务平台。

2. 工业互联网标识解析体系由哪几部分组成？请说明。

3. 简要描述标识编码的基本原则。

4. 工业互联网标识解析系统是什么？包括哪些内容？

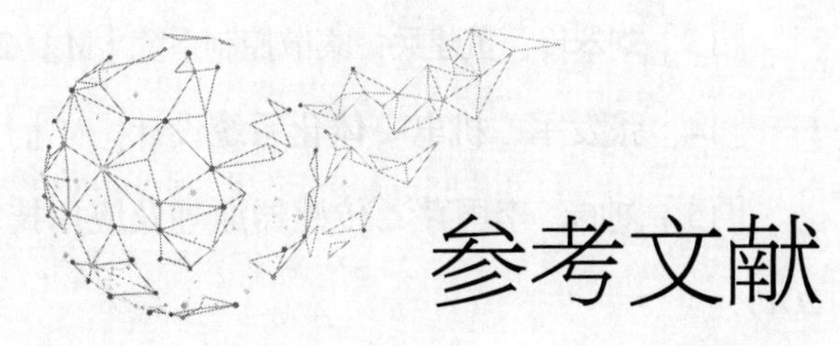

参考文献

[1] 李正军，李潇然．现场总线与工业以太网［M］．武汉：华中科技大学出版社，2021．

[2] 汪晋宽，马淑华，吴雨川．工业网络技术［M］．北京：北京邮电大学出版社，2007．

[3] 王德吉．西门子工业网络通信技术详解［M］．北京：机械工业出版社，2012．

[4] 王振力．工业控制网络［M］．北京：人民邮电出版社，2012．

[5] 谢希仁．计算机网络［M］．7 版．北京：电子工业出版社，2017．

[6] 廖智军，冯冬芹，褚健，等．无线局域网应用于工业控制系统研究［J］．仪器仪表标准化与计量，2002（03）：17–19+38．

[7] 刘韵洁．工业互联网导论［M］．北京：中国科学技术出版社，2021．

[8] 中国工业互联网研究院．工业互联网创新发展成效报告（2018—2021 年）［Z］．2021．

[9] 周舸．计算机网络技术基础［M］．5 版．北京：人民邮电出版社，2018．

[10] 王小英，徐惠钢．工业控制网络与通信［M］．西安：西安电子科技大学出版社，2021．

[11] 鲜继清，李文娟，张媛，等．通信技术基础［M］．2 版．北京：机械工业出版社，2015．

［12］胡学林．可编程控制器教程·基础篇［M］．2版．北京：电子工业出版社，2014．

［13］刘翠玲，黄建兵．集散控制系统［M］．2版．北京：北京大学出版社，2013．

［14］张发军．机电一体化系统设计［M］．武汉：华中科技大学出版社，2013．

［15］刘晧，李国芹．传感器原理及应用技术［M］．北京：北京理工大学出版社，2019．

［16］杨延西，潘永湘，赵跃．过程控制与自动化仪表［M］．3版．北京：机械工业出版社，2021．

［17］施仁，刘文江，郑辑光，等．自动化仪表与过程控制［M］．6版．北京：电子工业出版社，2021．

［18］林明星．电气控制及可编程序控制器［M］．3版．北京：机械工业出版社，2020．

［19］张军，胡学林．可编程控制器原理及应用［M］．3版．北京：电子工业出版社，2019．

［20］汤楠，穆向阳，高炜欣，等．可编程序控制器原理及应用［M］．北京：机械工业出版社，2012．

［21］黄海燕，余昭旭，何衍庆．集散控制系统原理及应用［M］．4版．北京：化学工业出版社，2020．

［22］高正明，张庆军，包伟华．工业以太网MRP协议及多主机制的研究［J］．自动化仪表，2014，35（08）：14-18．

［23］栾燕，张娟娟，张健．工业网关分类及关键指标分析［J］．自动化仪表，2020，41（7）：93-97．

［24］杨槐．无线通信技术［M］．重庆：重庆大学出版社，2015．

［25］安成飞，周玉刚．工业控制系统网络安全实战［M］．北京：机械工业出版社，2021．

［26］肖建荣．工业控制系统信息安全［M］．2版．北京：电子工业出版社，2019．

［27］彭杰，应启戛．工业以太网的安全性研究［J］．仪器仪表学报，2004（S1）：

516–517.

［28］张剑．工业控制系统网络安全［M］．成都：电子科技大学出版社，2017.

［29］于士尧，孙文生．基于云计算的数据安全分析［J］．信息通信技术，2015，9（1）：59–65.

［30］刘鹏．云计算［M］．北京：电子工业出版社，2011.

［31］林康平，王磊．云计算技术［M］．北京：人民邮电出版社，2017.

［32］何强，李义章．工业 App：开启数字工业的时代［M］．北京：机械工业出版社，2019.

［33］田春华，李闯，刘家扬，等．工业大数据分析实践［M］．北京：电子工业出版社，2021.

［34］王慧，刘立，辛宇．无线传感器网络技术在工业设备管理中的应用［C］．// 第二届仪表、自动化与先进集成技术大会论文集．2008：151–156.

［35］许光泞，文欣秀，曾亚．基于 PHM 的机载设备健康管理系统的研究与设计［J］．计算机时代，2018（08）：47–50.

［36］彭振云，高毅，唐昭琳．MES 基础与应用［M］．北京：机械工业出版社，2019.

［37］加藤治彦．生产管理［M］．党蓓蓓，译．北京：东方出版社，2021.

［38］饶运清．制造执行系统技术及应用［M］．北京：清华大学出版社，2022.

［39］程国平．生产运作管理［M］．北京：人民邮电出版社，2017.

［40］林群芳．企业运营管理的主要内容和方法分析［J］．现代商业，2021（35）：148–150.

［41］朱永杰．企业运营管理的主要内容和方法［J］．中国林业产业，2005（08）：51–53.

［42］梅宏．大数据与数字经济［J］．求是，2022（2）：28–34.

［43］谢家贵，齐超，朱佳佳．基于工业互联网标识解析体系的数据共享机制［J］．信息通信技术与政策，2020（10）：10–17.

［44］化学工业专用仪器仪表标准化技术委员会．化工装置仪表集散控制系统组态通用技术要求：HG/T 4599—2014［S］．北京：化学工业出版社，2014：1–2.

［45］全国工业过程测量和控制标准化技术委员会．工业以太网交换机技术规范：GB/T 30094—2013［S］．北京：中国标准出版社，2013：3–5.

［46］何珺．工信部发布《工业数据分类分级指南（试行）》［J］．今日制造与升级，2020（3）：18–19.

［47］王建伟．工业赋能：深度剖析工业互联网时代的机遇和挑战［M］．2 版．北京：人民邮电出版社，2021.

［48］工业互联网产业联盟．工业互联网标识解析应用案例汇编集（2021 年）［R/OL］．（2021–12–30）．http://www.aii–alliance.org/index/c317/n2809.html.

［49］华为技术有限公司．华为行业数字化转型方法论白皮书（2019）［R/OL］．（2019–03–20）．https://e.huawei.com/cn/material/enterprise/newict/digitalplatform/78924a97a2a24768a4329308b4a1d3e4.

［50］中国机电一体化技术应用协会．工业网关　第 1 部分：通用技术要求：T/CAMETA 001006.1–2022［S］．北京：中国机电一体化技术应用协会，2022.

［51］工业互联网产业联盟．工业互联网标识解析——主动标识载体技术白皮书［R/OL］．（2020–03–18）．http://www.aii–alliance.org/index/c317/n51.html.

［52］全国物品编码标准化技术委员会．物联网标识体系 Ecode 在一维条码中的存储：GB/T 35419—2017［S］．北京：中国标准出版社，2017：1–2.

［53］全国物品编码标准化技术委员会．物联网标识体系 Ecode 在二维码中的存储：GB/T 35420—2017［S］．北京：中国标准出版社，2018：1–3.

［54］全国物品编码标准化技术委员会．物联网标识体系 Ecode 在射频标签中的存储：GB/T 35421—2017［S］．北京：中国标准出版社，2017：2–5.

［55］全国信息安全标准化技术委员会．信息安全技术 工业控制网络安全隔离与信息交换系统安全技术要求：GB/T 37934—2019［S］．北京：中国标准出版社，2019：1–3.

［56］中国工业技术软件化产业联盟 / 工业互联网产业联盟．工业 App 白皮书（2020 年）［R/OL］．（2021–06–12）．http://www.caitis.cn/newsinfo/1589013.html.

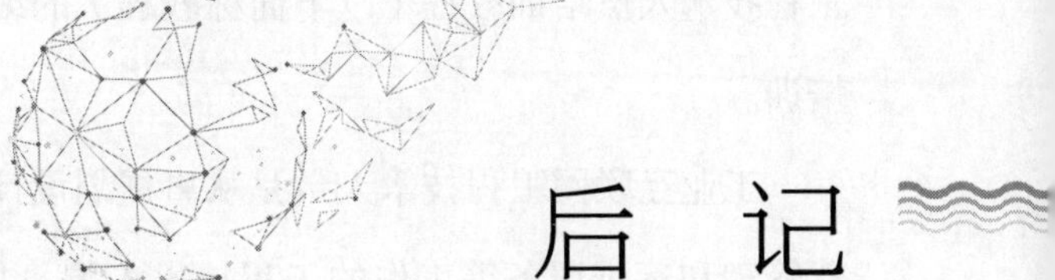

后 记

近年来，新一轮科技革命和产业变革快速发展。新一代信息技术发展与新工业革命形成历史性交汇，催生了工业互联网。当前，全球工业互联网正加速发展，世界主要发达国家均抢抓机遇，制定了一系列战略和具体政策，加大对工业互联网的投入布局，加快制造业数字化、智能化转型。

加快发展工业互联网，促进新一代信息技术与制造业深度融合，是顺应产业变革趋势，加快制造强国、网络强国建设的重要动力，是深化供给侧结构性改革、促进实体经济转型升级的关键抓手，也是实现“碳达峰”“碳中和”目标、持续推进可持续发展的客观要求。

工业互联网是新一代信息通信技术与工业经济深度融合的新型基础设施、应用模式和工业生态，通过对人、机、物、系统等的全面连接，构建起覆盖全产业链、全价值链的全新制造和服务体系，为工业乃至产业数字化、网络化、智能化发展提供了实现途径，是第四次工业革命的重要基石。

2020 年 2 月，《人力资源社会保障部办公厅 市场监管总局办公厅 统计局办公室关于发布智能制造工程技术人员等职业信息的通知》（人社厅发〔2020〕17 号）正式将工业互联网工程技术人员列为新职业，并对职业定义及主要工作任务进行了系统性描述。为加快建设工业互联网高素质专业技术人才队伍，在充分考虑科技进步、社会经济发展和产业结构变化对工业互联网工程技术人员专业要求的基础上，以客观反映工业互联网发展水平及其对从业人员的专业能力要求为目标，根据《工业互联网工程技术人员国家职业技术技能标准（2021 年版）》（以下简称《标准》），人力资源社会保障部专业技术人员管理司指导中国工业互联网研究院，组织有关专家开展了工业互联网工程技术人员培训教程（以下简称教程）的编写工作，用于全国专业技术人员新职业培训。

工业互联网工程技术人员是从事规划设计、技术研发、测试验证、工程实施、运营管理和运维服务等工作的工程技术人员，共分为三个专业技术等级，分别为初级、中级、高级。其中，初级不分职业方向，中级、高级均设工程应用、设计开发两个职业方向。

与此对应，教程也分为初级、中级、高级培训教程，分别对应其专业能力考核要求。另外，还有一本《工业互联网工程技术人员——工业互联网基础知识》，对应其理论知识考核要求。需要说明的是，《工业互联网工程技术人员——工业互联网基础知识》教程是各等级培训教程的基础。

在使用本系列教程开展培训时，应当结合培训目标与受训人员的实际水平和专业方向，选用合适的教程。在工业互联网工程技术人员各专业技术等级的培训中，《工业互联网工程技术人员——工业互联网基础知识》是初级、中级、高级工程技术人员都需要掌握的；中级、高级工业互联网工程技术人员培训中，可以根据培训目标与受训人员实际，选用培训教程。培训考核合格后，获得相应证书。

初级教程是《工业互联网工程技术人员（初级）》。《工业互联网工程技术人员（初级）》一书内容涵盖《标准》中初级应具备的专业能力和相关知识要求。

本教程适用于大学专科学历（或高等职业学校毕业）及以上，具有机械类、仪器类、电子信息类、自动化类、计算机类、工业工程类等工科专业学习背景，具有较强的学习能力、计算能力、表达能力和逻辑思维能力，参加全国专业技术人员新职业培训的人员。

工业互联网工程技术人员需按照《标准》的职业要求参加有关课程培训，完成规定学时，取得学时证明。初级为 90 标准学时，中级、高级均为 120 标准学时。

本教程是在人力资源和社会保障部、工业和信息化部相关部门指导下，由中国工业互联网研究院组织编写，来自苏州大学、北京工业大学、清华大学、北京邮电大学、哈尔滨工业大学、中国信息通信研究院、中国计量科学研究院、北京东方国信科技股份有限公司、徐工汉云技术股份有限公司、360数字安全集团、浪潮工业互联网股份有限公司、奇安信科技集团股份有限公司、山东万腾电子科技有限公司、新华三技术有限公司、西门子（中国）有限公司、浪潮通信技术有限公司、新道科技股份有限公司、国佳云为（江苏）信息科技有限公司等高校及科研院所、企业的工业互联网领域的核心专家参与了编写和审定，同时参考了多方面的文献，吸收了许多专家学者的研究成果，在此表示衷心感谢。

由于编者水平、经验与时间所限，本书的不足与疏漏之处在所难免，恳请广大读者批评与指正。

本书编委会

2022年7月